"인간들이 싫어요."

아우라 각본집

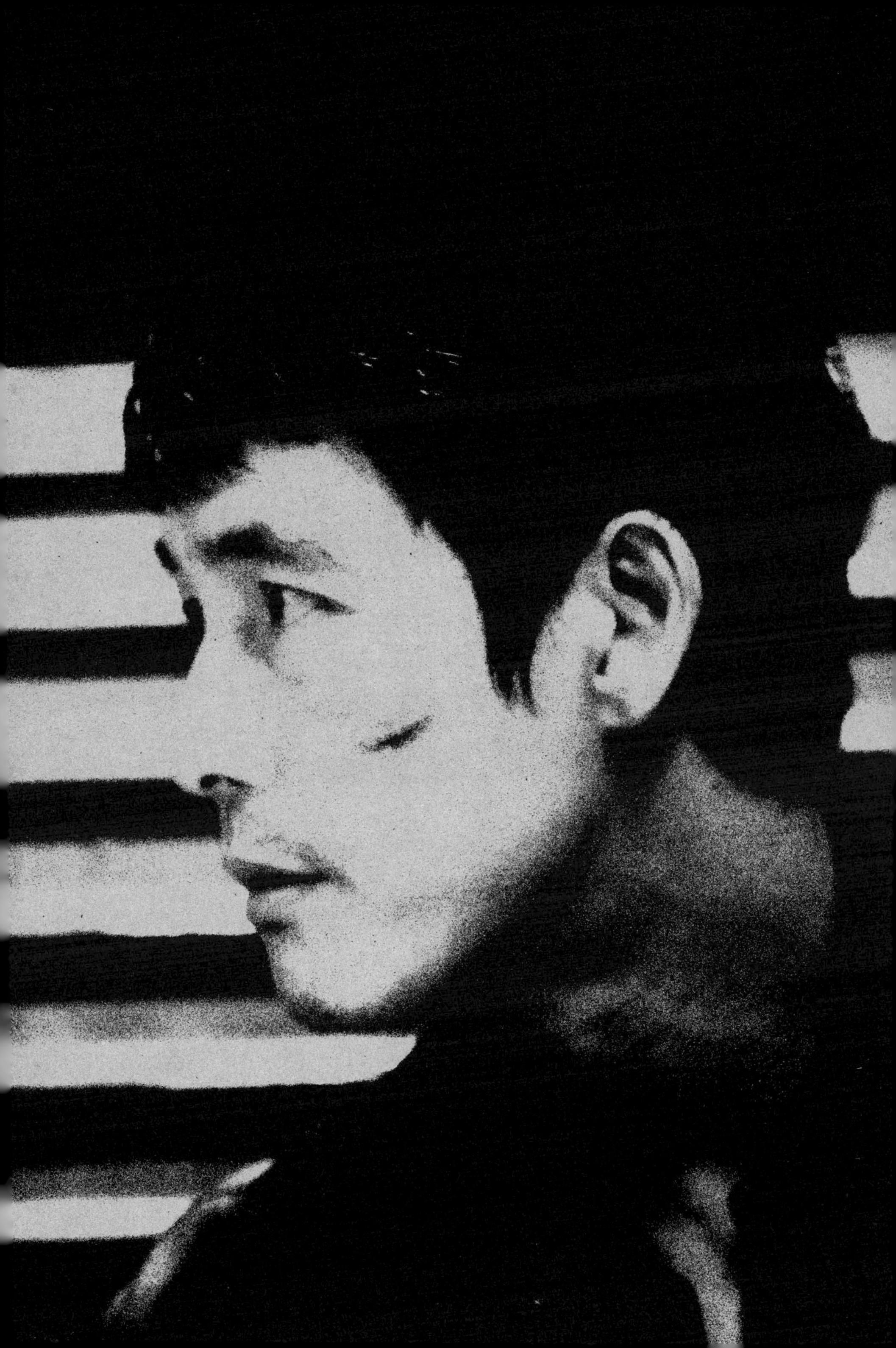

감독의 말

〈아수라〉는 어쩌다 삶의 곤경에 처한 남자의 이야기다.

왜 이걸 쓰려고 했는지는 기억나지 않는다. 실마리를 찾는다면, 영화감독으로서 내가 '불가항력적 고군분투'에 이끌린다는 점이다. 왜 그런지 생각해봤지만, 그냥 그런 내용이 재밌을 뿐이다.

〈아수라〉엔 죄다 악인뿐이라고 불평하는 반응도 많았다. 액션 영화를 구상할 때 전개에 재미를 주려면 선악을 편 가름해야 한다. 그런데 사실 내가 선악의 구분을 그다지 신뢰하지 않다 보니, 누구를 악당으로 만들지 애매모호한 경우가 있다. 〈아수라〉만 봐도 그렇다. 악당 할 사람 손들어! 등장인물은 아무도 손들지 않고 옆 사람을 흘겨보면서 '너 들어야지' 하고 있다. 인간은 태생적으로 선과 악 사이를 오가는 그네에 올라타고는 결코 내려오지 못한다고 생각한다. 나쁜 마음을 먹으면 왠지 뜨끔하고 착한 일을 하고서도 내가 왜 이랬나, 먼 산을 바라본다. 안 그런 사람도 있을 텐데, 그런 분은 〈아수라〉를 볼 필요 없다.

악당이 악당인 이유는 오로지 자기 자신만 소중히 여기기 때문이다.

언제부터인가 세상은 지극히 이기적인 인간들로 바글거린다. 그들은 우리에게 '나만 잘 사는 법'을 가르치려 든다. 남을 결코 배려하지 않는, 승리가 내 것이기만 하면 된다는, 자기 본위의 위대한 시대가 도래했다. 유튜브를 열면 '너희들 모지리는 내 말에 조용히 귀 기울이라'는 잘난 척이 판을 친다. 정치? 그쪽이야 원래 그들의 이익만을 위한 판인데 말해 무엇하랴. 평범한 이들은 그런 자들에게 이용이라도 당하지 않아야 하는데, 그걸 피할 방법은 없다. 미안하지만 여기선 이렇게 살다가 죽어야 한다. 그렇지 않다고, 세상은 아직 아름답고, 너희 노력 여하에 따라 보상받는다고 우기는 자가 있다면 그가 바로 악당이다. 악당의 마빡에 바람구멍을 내주기 바란다.

〈아수라〉의 주인공도 억울하다고 항변한다. 비록 악행이지만 다 먹고 살려고 저지른 일인데 '왜 니들은 나만 갖고 이러는데' 울분을 터뜨린다. 하지만 찬찬히 따져 보면 전부 자기 탓이다. 내가 죅일 놈이지 뭐… 근데 니들은? 더 나쁜 xx들이잖어!

그래, 피도 눈물도 없는 세상에 핏대를 올려봐라. 사방의 적들은 네가 털썩 쓰러지기만 기다리며 하품을 한다.

이제 출판사가 요청한 서문의 길이를 채웠다. 폭력 영화 시나리오를 출간하다니 나 또한 놀랍다. 퍽, 윽, 탕, 꽥, 이런 걸 누가 읽을까 싶어 걱정하다가 그만둔다. 살다 보면 누군가를 뒤지게 패 주고 싶을 때가 있는 법이니까. 끝으로 중동의 어느 법학자가 말했다는 글귀를 덧붙인다.

> "어두운 시절에 남이 내 곁을 지켜줄 거라 생각하지 마라.
> 해가 지면 심지어 내 그림자조차 나를 떠나기 마련이다."

2022년 10월 2일
김성수

일러두기

수록된 각본은 실제 영화 촬영에 사용된 최종본이며, 일부 한글 맞춤법에 어긋나는 표기도 시나리오의 원본에 따라 그대로 살렸습니다.

아우라

→ 암전

도경 [NA] 하.. 인간들이 싫어요.

#1 **프롤로그**
청과물 시장 | 오후

→ [fade in] 되면, 재개발과 안남시장을 반대하는
현수막이 걸린 안남시 전경이 보인다.

도경 [NA] 경찰로 일하는 여기 안남시도 인간 같지 않은 인간이 넘쳐납니다. 요즘은 재개발 열풍에 한몫 챙기려고 서로 물고 뜯고 아주 난리가 났어요. 특히 안남시장 박성배.. 이 인간은요. 안남을 쌈 싸서 한입에 쳐드실라고 하세요. 당연히 반대파들이 가만있겠습니까? 매일매일 전쟁입니다 전쟁! 전요.. 이기는 편이 내 편입니다.

#2 **청과물 시장 | 오후**

도경 [NA] 우리 시장님이 또 저를 조용히 부르시네요.

→ 곰팡이가 핀 낡은 건물. 과일 파는 가게들.

도경 [NA] 이 양반 저를 자기 집 개로 생각하시거든요.

→ 침침한 계단에 앉아 리시버를 귀에 꽂은 도경.
남녀의 신음소리가 오버랩된다.

#3 **청과물 시장 냉장창고 | 오후**

→ 바닥에 눕혀진 덩치 큰 남자(이민섭)에게 누군가
핸드폰 동영상을 보여준다.

→ 약에 취한 두 남녀가 광란의 섹스를 즐기는 셀프카메라!!

→ 핸드폰을 쥐고 눈알을 희번득 굴리는 중년 사내(작대기).

이민섭 (울먹임) 나 아닌데.. 진짜 나 아닌데..

작대기 그럼 이게 누구야? 니 아부지야?

이민섭 야. 너 진짜 미성년자 맞아?

여고생 (끄덕인다) 안평여고 3학년 6반이에요.

작대기 (여고생에게 종이 건네며) 이거 좀 들고 있어.

이민섭 (치미는 감정을 억누르는) 아유 씨이~

작대기 이제 하자 이제. (여고생에게) 가까이 좀 와 쫌! (핸드폰 누르고 이민섭 이마를 망치로 딱)

이민섭 아아아~

작대기 쉿 신호 간다, 신호. 자 울지 말고

(검사실) 이민섭 씨! 지금 어디예요?

이민섭 (너무 아픈) 아 예. 접니다.....

작대기 울지 마 씨!

이민섭 죄송하지만 이번 항소심에 증인으로 출두하지 않겠습니다.

(검사실) 갑자기 그게 무슨 말이에요?

이민섭 제가 그동안 검사님께 말씀드린 내용은 전혀. 사실과 무관합니다.

(검사실) 일단 오셔서 얘기합시다. 지금이라도 빨리 오시면..

이민섭 검사님께 완전 죄송하다고 (탁 끊는 작대기) 전해주세요!

작대기 잘했어 잘했어. 이민섭이 아주 이뻐죽겠어.

#4 법원 로비 | 낮

→ 로비로 들어오는 도경. TV 기자가 방송용 멘트를 촬영 중이다.

→ 기자들에 둘러싸인 박성배 시장이 로비로 나오는

걸 본다..

기자 안남시 시장 선거에서 공직선거법 위반으로 기소된 박성배 안남시장은 지난 8월 1심에서 벌금 350만 원 형을 받아 시장직이 박탈될뻔했으나, 오늘 고등법원 항소심에서 무죄판결을 받아 시장직을 유지할 수 있게 됐습니다. 한편 검찰은 이번 항소심에서 증인을 확보했으나 오늘 아침 갑자기 출두를 취소한 것으로 밝혔습니다.

→ 박성배를 향해 환호하는 지지자들.
대부분 동원된 아주머니와 노인들..

박성배 여러분 고맙습니다!! (카메라 쪽으로 자연스런 포즈.. 찰칵찰칵)

기자 지금 바로 안남시장의 말을 들어보겠습니다.

은충호 자 이제 말씀하실 거니까. 뒤로 물러나세요.

박성배 사법부가 정의로운 판결을 해줘서 참 다행입니다만

→ 계단을 내려오는 오 검사 일행. 인터뷰하는
박성배를 내려다보는.

박성배 검찰이 증인도 없이 저를 기소하겠다는 게. 이게 이게 말이 됩니까, 이게? 이건 우리 48만 안남시민의 명예와 긍지를 훼손시키는 일이라고 생각합니다, 저는!

은충호 맞습니다. 여러분!!

→ 지지자들의 **"박성배! 박성배!"** 연호 소리.
오 검사가 지나가는 걸 발견한 박성배,

박성배 자 잠시만 비켜주십쇼.

→ 오 검사 쪽으로 가는 박성배.
법원 경비들 기자의 접근을 막아준다.
→ 경호원이 "**시장님 지나가십니다.**"
도경과 박성배가 마주치지만 그냥 스쳐 가고,
뒤따라오던 은충호가 도경을 토닥인다.

박성배 아유 오 검사님~ (악수 청하며)
수고 많으셨습니다~
오 검사 증인이 출석 못 한 이유 혹시 아십니까?
박성배 글쎄요 머.. 계속 거짓말할라 그르니까 양심에 찔려서
그런 건가~
오 검사 뜬금없이 전화해서는 자기는 진술할 게 없다고 하던데..

→ 계단 앞. 오 검사를 잡아당기는 박성배.
기자들의 셔터 소리. "**뭐야!**"

박성배 자기네들이 법 집행을 개판으로 하는 거라니까.
오 검사 이런다고, 남은 임기 채우실 수 있을까요?
박성배 야~ 검사님이 협박까지 다 하시구~ (오 검사 어깨를
잡으며) 제 임기는 제가 알아서 할게요.
검찰 수사관 그만하시죠. (오 검사로부터 떼어내는)
박성배 이런 썅눔섹퀴가 어딜 만져!

→ 박성배가 수사관 도창학의 멱살을 잡자 기자들이
밀려들고. 뒤에서 지켜보는 도경.

은충호 시장님. 보는 눈이 많습니다.
박성배 조용히 해. (창학에게) 니가 민선시장 가슴을 쑤셔?
응! (오 검사에게) 지금 시대가 어느 땐데 니들이
힘자랑이야~
오 검사 니들이?!
은충호 시장님 제발 가셔야 됩니다! 자, 자 시장님 빨리 모셔!

→ **"시장님 나가십니다." "나가실 수 있게 길 좀 비켜주세요!"** 셔터 소리 찰칵찰칵.

→ 박성배가 빠져나가고. 도경도 뒤따라간다.
"박성배! 박성배!" 연호는 계속되고..

→ 계단에서 오 검사 일행이 노려보는.

#5 안남시 밀집촌
옥상 건물 주차장 | 밤

→ 안남시의 야경.

→ 싼타페 한 대가 후미진 주차장에 정차한다.

선모 (떡 먹으며) 형님 그만두시면, 나 우리 형 보고 싶어서 어떡하지?

도경 ... (조수석에서 문자질만)

선모 에브리데이 양복 입으실 거잖아요.
안 불편하시겠어요?

도경 불편해 볼라고! (내린다)

선모 형님! 이왕이면 펄 그레이로 맞추셔야 됩니다.

도경 쳐 자!

→ 어둠 속으로 사라지는 도경의 뒷모습을.. 보는 선모. **"충성."**

#6 옥상 건물 저층부 | 밤

→ 컴컴한 통로를 걷는 도경 앞에 불쑥 나타난 작대기.
좁은 골목으로 이동한다.

도경 이민섭이 필리핀 떨어지면 연락하랬는데.
왜 안 해?

작대기 아이 돼지 새끼 씨바~ 끝까지 필리핀 안 간다고

개지랄을 떨어서. 강제로 비행기 처넣느라.. 흐흐흐

도경 그니까 어제 도착했지?

작대기 (주눅 든) 오늘 갔는데여? 약 좀 깨서 보내느라..

도경 오늘? 니 맘대로 바꿨어?!

작대기 아 내가 알아서 하께 형님~ 형님은 날 좀 믿어야 돼애.

→ 가볍게 툭! 도경의 어깨를 친다.
아차, 실수를 깨닫는 작대기!

→ 노려보는 도경, 주먹을 든다. 어휴.. 체념하는
작대기. 어금니를 꽉 다물며 준비하는..

→ 주먹이 날아온다. 퍽. **윽!!!!..** 코피 주르륵.

도경 차렷! 똑바로 서 이 씨! (다시 주먹을 든다)
니가 사람인 줄 알지?

→ 연달아 퍽 퍽.. 작대기 아구창이 터졌다!

도경 넌 개쓰레기야 이 쒸발아, 너 뭐다?

작대기 ..개쓰레기.. (울먹임+코피)

도경 코 닦아.

작대기 (카~악 피를 뱉으려다 눈치 보며 꿀꺽 삼키는)

도경 야. 이민섭이 잘해야 돼. 알지?

→ 끄덕이는 작대기. 도경이 돈다발을 건네자 금세
작대기는 헤헤거리며 냉큼 받아 든다.

도경 야. 너 그거 셀 거야?

작대기 아 맞다. (돈다발을 급히 쑤셔 넣는다)

→ 그때 휘파람 소리와 함께 그림자?!!

도경 야, 밖에서 기다리라고!

→ 능청스럽게 다가오는 실루엣..
황인기-데스크 반장이다.

황 반장 내일모레면 나갈 놈이 잠복 나간다 그를 때 알아봤다.
도경 아 웬일로 오셨습니까?
황 반장 (도경을 무시하고) 어이~ 짝대기!
요즘도 필리핀 드나드냐?
작대기 비즈니스 접은 지 일 년도 넘었는데,
내가 거길 왜 나가요~
황 반장 이 쒸발놈이 말하면서 눈깔로 레이저 쏘네~

→ 다짜고짜 작대기의 면상을 잡아 밀친다.
쓰레기 더미 위로 자빠지는 작대기.

도경 아유. 참 형님. 형님. 인기 형님! 아우 왜 이러세요?
황 반장 박 시장님 잘 계시지?
도경 예?
황 반장 야 이 씨발. 너 혼자 다 해 처먹지 말라고오,
이 엉아도 알 껀 다 알아요오.
도경 하. 갑자기 뭘 안다고 그러시는데요?
황 반장 검찰 증인.. 이 새끼랑 다 같이 한 거 아냐?
도경 (어색한 웃음으로 감추려는)

#7 옥상 건물 계단 위 | 한밤중

→ 황 반장이 수갑 찬 작대기를 밀고 계단을 오른다.
작대기, 이건 정말 아니라는 표정..

작대기 거 변호사 그거 얘기 안 하구 수갑 채우믄, 씨바 불법 아니야?
황 반장 뭐 새키야?
도경 형님 형니임. 아 형님~ 제 말 좀 들어보시라니까요!

→ 그러면서 도경은 몰래 수갑 열쇠를 건넨다,
작대기 눈알이 반짝.

황 반장 야. 내가 저 새키 송치시킨다고 해서 뭐 나한테 좋을 게 하나라도 있는 줄 알어?

작대기 (수갑을 조심조심 푼다)

도경 알아요, 그러니까 일단 얜 좀 풀어주고..

(선모) 형! 어 반장님? 충성.

→ 선모가 다가온다. 난감한 도경.
황 반장도 막내의 출현이 짜증스럽고.
→ 그 틈에 작대기는 수갑을 풀었지만, 툭.. 열쇠가 떨어진다!

황 반장 뭐야.. 이 새끼가!

→ 순간 도망치는 작대기! 황 반장이
"이쉑! 나와!" 쫓으려는데 도경이 가로막는다.

도경 아 잠깐만요! 쫌.

선모 제가 잡아올게요! (어느새 번개처럼 추격하고)

도경 야야야야 선모야! (따라가며 황 반장에게) 아 진짜 형님!

#8 옥상 건물 미로들 | 밤

→ 도경이 헤맨다. 구불구불 창자처럼 이어지는 복도..

도경 아 씨발 문선모! 아이고 씨발.. 이 형이 갑자기 왜 나타나서 지랄이야. 지랄이! 이 씨발. 아이고 씨바! 선모야 이 새끼야. 잡으면 안 돼... 이 새낀 어디 숨은 거야. 씨발. 야 작대가아~

#9 철조망 통로 길 (옥상 건물의) | 밤

도경 짝대가아? ... 짝대기 너 여깄지?

→ 걸음을 멈추고. 가스통 더미 안쪽에 퍼질러 앉은 작대기가 보인다.

→ 팔뚝에 주사기를 꽂은 채로 몽롱하게 늘어지는 중.

도경 이 새끼 이거!

작대기 모어~?

도경 (작게) 뭐어 새꺄! 저쪽으로 가 새끼야. 조용히 해.. 약쟁이 새끼 이거. (작대기를 일으키는) 씨발

→ 팔뚝에서 주사기가 툭 떨어진다.. 작대기가 벽돌을 주워서 철망을 두들기며 악을 쓴다.

작대기 김쫑민이 여깄따아아!! .. 짜바리들 다 오라 읍!!!

도경 (작대기의 입을 막는) 조용히 해 이 자식아! 씨발!

→ **"형! 잡았어?"** 선모가 급하게 온다.

선모 형 이 새끼.. 이 새끼 왜 그래.

도경 어, 선모야. 아니야.

선모 이 섹휘 약 빨았네 이 미친 새끼!

작대기 조용훠 해 쒸발놈아!

도경 가아 이 새끼야!

→ 양쪽을 진정시키려는데.. 선모가 총을 꺼내 겨눈다!

선모 너 동작 그만! 움직이지 마, 너!

도경 야 선모야 너 그거 왜 꺼내고 그래.

선모 위험해!

도경 집어넣어 새끼야!

작대기 (철제 계단을 오르고)

선모 야 움직이문 쏜다아 너!

도경 야야야야 새끼야 어디다! 집어넣어.

작대기 (흉내) 움직이무우운 쏜다아~

도경 씨발놈아 넌 조용히 해 개새꺄~
선모야 내가 알아서..

→ 벽돌을 냅다 던지는 작대기, 도망친다.

도경 저 미친 새끼! 저거! 이씨!

선모 개새끼가! (계단을 뛰어오른다)

도경 야야야야 새끼야! 선모야 이 새끼야~?
아우 씌발 오늘 일 좆같이 꼬이네 진짜!

#10 **옥상 (옥상 건물의) | 밤**

→ 선모가 총을 들고 다가온다.
치이익~ 넘어진 LPG 가스통에서
가스가 새어 나온다.

→ 가스 밸브를 잠그는 선모를 덮치는 작대기.
가스줄로 목을 감는!

작대기 개새끼야! 한 새낀 일 시키고 한 새낀 잡으러 댕기고! 이 씨발놈아!

선모 씨-빨-

→ 몸부림치는 선모.. 가스통 더미로 쓰러진다. 선모가
팔꿈치로 옆구리를 가격! **"악! 콜록콜록!"**

→ 힘겹게 뿌리치는 선모, 총을 집어 든다.

선모 움직이면 쏜다. 이 시팔노마!

작대기 (손가락 욕) 이거나 먹어~ 공포탄이 아프냐?

선모 이거 실탄이거든 씹새꺄? 어 움직이지 마 진짜 쏜다. 쏴아!

작대기 (가스통으로 다가가) 쏴봐~ 쏴봐~ (가스 밸브 열고.. 손에 들린 라이터!) 씨발, 쏴아.

선모 하지 마. 야 야 씨발놈아 진짜 죽어. 너..!

작대기 킨다. 킨다..

→ 작대기가 라이터를 당기는 찰나 도경이 뒤에서 머리통에 싸커킥을 날린다. 퍽!

도경 아유 징그러운 새끼. 씨..

선모 아.. 좀 빨리 좀 오지 씨이. (지원 요청하려는)

도경 야 야! (폰을 가로채는) 생각 좀 하자.. 일분만.

선모 ?.. 119 불러야 되잖아요.

→ 황 반장이 헉헉거리며 옥상에 올라온다.
"잡았어? 잡았네 이 새끼 이거."

→ 말릴 틈도 없이 가방부터 뒤지는 황 반장. 주사기들과.. 오만 원권 다발들을 꺼낸다.

황 반장 워어 그렇치~ 한 이천만 원쯤 되겠네 그지?

도경 아 형님.. 잠깐 얘기 좀 해요.

황 반장 뭔 얘길 자꾸 해~? 작대기는 니꺼 이 돈은 내꺼. 맞잖아~그지? 뭐어 선모. 내가 좀 챙겨주까? (징글맞은 미소) 싫은데!

→ 도경, 돈을 빼앗으려고 하고.. 선모는 그 광경이 어이없다.

도경 아이 진짜 이 형님, 쫌! (돈을 가로채서 다시 작대기 가방에 넣으려는데.. 거친 실랑이)

황 반장 놔! 안 놔? 진짜 이쒸발섹휘가!

도경 아 왜 욕을 하고 그러세여~ 씨이

황 반장 뭐어? 왜 내가 너한테 욕을 하면 안 돼?
확 씨발놈이 진짜.

도경 아유 나 씨발~ 뭐 내가 뭐 도둑질하지 말자는 게 형한테 뭐어 잘못된 일이유?!!

선모 회사 잘 굴러간다..

황 반장 야아... 도경아 (돌연 사정조) 넌 박 시장이 매달 꼬박꼬박 오부지게 챙겨준다며? 어?

도경 아~ 진짜.

황 반장 나두 씨바 껴달라고 존나 비굴하게 몇 번이나 말했써?
근데 요 돈 내가 먹으믄 안 돼?
넌 되구 난 안 돼?

도경 남의 돈이잖아요~ 왜 형이 맘대로 잡수실라 그래여어?

황 반장 ..아라써, 넌 빠져 새끼야.

도경 아후 나 씨발 내가 진짜!

황 반장 선모야 찍지 마. (핸드폰 렌즈를 가리며)
꼭 필요해서 그래 형이!!

선모 보고해야 하는 건 맞잖아요 반장님.
도경이 형 보고해야 되죠?

황 반장 죽을라고! (삼단봉으로 선모를 내려친다)
장난하는 줄 알아.. (한 번 더 치려는데 도경이 달려든다)

도경 아이 형 미쳤어요 진짜?

황 반장 안 놔? 안 놔!

도경 (곤봉 빼앗으며) 선모는 왜 때려요?

→ **"새끼가 진짜 씨발!"** 화가 난 황 반장이
달려들면서 도경과의 격렬한 몸싸움...

→ **"일루 와"** 황소처럼 부딪치는 두 남자의 난투극!
옥상 난간의 철망이 출렁인다.

도경 그만 좀 해요! 형 진짜 씨발! (주먹으로 황 반장을 가격한다) 아 진짜 씨발 쫌!

황 반장 ... 너 죽었어. (벽돌을 움켜잡는다)

도경 하지 마! 그거 놔아. 놓으라구!

→ 황 반장이 벽돌을 들고 달려든다. 도경이 잡아채면서 **"그만 좀 해!!!"**

→ 순간 철망이 그대로 넘어가며 건물 아래로 추락하는 황 반장.

→ 아래 계단.. 튀어나온 철근에 박혀 그대로 절명한다!!

→ 아득해지는 도경. 선모가 어떻게 하냐는 표정으로 도경을 본다...... [F.O.]

→ 타이틀 뜨는

아수라

#11 감찰부 조사관실 | 낮

→ 비디오 화면 속. 우두커니 앉은 한도경이 드러난다.
무심한 듯 보이려는 연기.
→ 정면에선 감찰반 수사관 둘이 서류를 뒤적이고

박 감찰관 황 반장이 거기 오는 걸 처음에 몰랐다 그랬는데. 본인은 수사 지원 나간다고 갔거든. 난 그게 참 이상해?

도경 저도 궁금해요. 왜 그랬는지..

송 감찰관 형사들은 안 그러잖어. 폭력 전과 있는 놈 데리러 가는 건데?

도경 돌발 상황이라 어쩔 수 없었다고. 말씀드렸는데!

박 감찰관 자. 처음부터 한 번 다시 갑시다.

도경 ...또 하자고?

박 감찰관 진짜 라스트. (녹음기 스윽 앞으로 미는)

도경 (뜸 들이고) 얘가 전화를 받는데 대답이 느렸어요. 약했네, 직감했죠. 이 새끼 약하면 눈에 뵈는 게 없어요. 그래서 사고 치기 전에 잡아들이자. 그런 급한 마음으로 나갔어요.

→ 문이 열리고, 뱀눈을 가진 사내(#5 법원 로비의 검찰 수사관)가 들어와 옆 소파에 앉는다.
→ 도경을 응시하는 인상이 무척 고약하다.

#12 다시 옥상 (옥상 건물) | 밤

→ 선모가 황 반장이 죽은 것을 확인하고 도경을 올려다본다. 고민하던 도경......
→ 꿈틀거리며 깨어나는 작대기.
도경이 다가와 내려다본다.

작대기 여 어디야?

도경 (갑자기 주먹을 날리는) 경찰을 죽여 씨발놈아 니가! 이 개. 씨발 새끼야! 경찰을 죽여! 경찰을!!

선모 형 그만 쫌! 에이 썅! (작대기부터 살피고 화를 내는) 에이 씨발!

도경 (통화) 한도경인데요.. 긴급 상황임다! 황 반장님이 추락했어요.. 최대한 빨리 앰뷸런스 불러주세요.

선모 아이 씨이~

도경 (작대기에게 수갑 채우며) 경찰관을 살해한 현행범으로 체포한다. 피의잔 범죄사실에 대해 진술을 거부할 수 있고. 변호인을 선임..

#13 다시 감찰부 조사관실 | 낮

박 감찰관 순간적이래도 형사가 셋인데.. 그걸 못 잡나?

도경 손을 뻗는데, 철망이 통째로 넘어가는 걸 어쩌라구요!

창학 황 반장하고 거리는?

도경 한 사오메타.. 그 작대기 새끼가 엄청 쎄게 밀치는 바람에

창학 작대기가 뭐야? 이름 없어?

도경 왜 반말을 하고 그르지?

박 감찰관 거 차암. 질문하시지 말라니까아.

→ 창학, 알겠다며 끄덕인다.
박 감찰관이 송 감찰관과 눈빛 교환.

송 감찰관 한 형사님!

도경 네?

송 감찰관 조사 끝났어요. 가도 돼요.

도경 수고하셨습니다.. (일어서다 창학을 본다)

창학 멀 쳐다봐아. 잘 생겼냐?

도경 (어처구니없는) 어.

창학 경찰 관둔다면서? ...왜애?

도경 그만두고 싶으니까.

창학 그니까 왜 그만두고 싶냐고?

도경 나랑 안 맞아요. 형사가. (나간다)

#14 **백반집 한 귀퉁이 | 낮**

선모 (눈치..) 짝대기하고 비즈니스 하신 거 저도 좀 알면 안 돼요?

도경 질문 지겹다. 밥 먹자.

선모 박 시장님 관련된 일이죠?

도경 (고개 젓는)

선모 아 그러지 말고 그냥 후다 화악 까는 거 어때요?

도경 (젓가락 놓는) 밥 먹고 가서, 제가 죽였는데요. 거짓말했습니다. 그럼 돼?

선모 !......그냥 말해본 거예요.

도경 (작게) 눈 깔지 말고 나 똑바로 쳐다봐아.

선모 미안해요.

도경 뭐가 미안해?

선모 ......

도경 그니까 니가 왜 미안하냐구우?

선모 제가 생각을 잘못한 거 같습니다.

도경 같은 게 아니라, 잘못했지! 어쩔 수 없다고, 몇 번 말했어? 어쩔 수 없었잖아! 내 잘못이야?

선모 (힘없이 고개 젓는)

도경 그럼 니 잘못이니?

선모 (강하게 도리질) 아니요!

도경 ...밥 먹자.

→ 의기소침한 선모... 도경, 삼치 살을 발라 후배의 밥공기에 올려준다.

도경 [NA] 마무리하는 게 쉽지 않네요. 하지만 이런다고
흔들리면 진짜 큰일 납니다.

#15 동강병원 6인실 | 저녁

도경 [NA] 다음 주부터 시장님한테 가야 돼요.
저 새 출발 할 겁니다.

→ 도경이 조용히 들어선다. 유난히 의료 장비가 많은
병상에 아내(정윤희)가 누워 있다.
→ 침대 주변을 정리하는 도경.
이불을 덮어주는데

윤희 나 안 죽었어. (눈을 뜨는)
도경 (태블릿 PC 꺼내며) 무한도전은 못 받았어.
그건 본방 사수한댔지?
윤희 (말하려다 찡그리는)
도경 간호사 불러?
윤희 (미간 펴고.. 길게 내쉬는)
도경 오늘 또 입금해 주셨어.
윤희 얼마?
도경 이천. 오백 더 보내주셨어.
윤희 자꾸 돈 받는 거. 싫지?
도경 아니... 참 조의금 팔십 넣었어. 괜찮지?
윤희 응 그 언니가 안 됐다.. 부주라도 더 (급작스런 통증)
으으... 아아아..

→ (점프) ...진통제 주사하는 신 간호사.

신 간호사 이제 괜찮아지실 거예요.

→ 그때 병실 입구에서 누군가 사라지고??
도경이 갸우뚱 복도로 나온다.

#16 **동강병원 6인실 복도 | 밤**

→ 텅 빈 복도 중앙. 핸드폰 통화하며 빤히 쳐다보는
도창학.. **"예. 데리고 내려가겠습니다."**
→ 다가오는 도경, **"조사 다 끝났잖아요?"**
가까이서 눈을 부라리는.

창학 그거 말고, 딴 거.
도경 딴 거 뭐어? 뭐냐니깐?
창학 질문은 내가 할 거야. (불쑥 신분증을 들이민다)

→ **「검찰-대한민국」.** 검찰 수사관이었어!!
순간 멍해지는 도경.

#17 **동강병원 앞 | 깊은 밤**

→ 창학을 따라 나오는 도경.
탑차 옆문이 열리고 안에 사람들!!
→ 도경이 머뭇거리다.. 걸어간다.

#18 **검찰 탑차 내부 | 밤**

→ 내부가 비좁다. 수사관 하나가 녹화 카메라의
라이트를 켜자

도경 치워요.
맹진호 규정상 찍어야 되거든요.
도경 찍지 마!
창학 찍어야 돼! 안남시장 선거법 위반 증언할라고 했던 놈

알지?

도경 ..누구요?

창학 '이민섭'이 말야~ 법정 출두 쌩까고 잠수 탄 놈~!

도경 그런 사람을 내가 어떻게 안다는 거지?

창학 니가 납치해가지고 협박하고 그래갖고 전화까지 시켰잖아!

도경 이 양반들이 멋대로 소설 쓰다 (일어나는) 단체로 옷 벗고 싶나?

→ 창학의 눈짓에 파일을 건네는 최 수사관

창학 이민섭이랑 네 번 만난 기록이 있대. 둘이 같이 술도 마시고. 2차 가서 쌍으로 떡도 치고..
주변 인물 진술을 들어보니까. 안남서부서 형사를 잘 알고 지낸다고 그랬다던데..

→ 사진 [C.U.] 시장에 당선된 박성배 옆으로 은충호와 이민섭.. 바로 뒤에 선 한도경.
→ 도경은 파일을 뒤적이며 아무렇지 않은 척 다시 앉는다.

도경 이런 사람 본 적 없는데..

창학 (생글생글) 필리핀 말라테에서 얘가 변사체로 발견됐어. 오늘 아침에.

도경 !...근데요?

(소리) 늦었습다~

→ 말쑥한 양복 차림의 사내가 탑차로 들어온다.

김차인 아이 눈부시다.

맹진호 예, 끄겠습니다.

김차인 (도경과 나란히 앉아) 경기지검 김차인입니다.

→ 건네준 명함을 [C.U.] **「경기지검 특수부3팀 검사 김차인」**

김차인 파일 보여드렸네.
창학 예!
김차인 공항 주차장 사진도 보셨는가? 고게 하이라이튼데.

→ 맨 뒷장 펼치면. CCTV 캡처 사진!
공항 주차장에서 이민섭을 끌고 가는 작대기.

김차인 이 이민섭이 끌고 가는 요 작대기 알죠? 당신 정보원.
도경 (캡처 사진에 시선이 고정)
김차인 이날 밤. 당신한테 얻어맞아서 연행된 거고. 맞죠?
도경 ... 우리 반장님 골로 보낸 새끼니까. 이 새퀴가 또 사람 죽였으면 잘 됐네요. 내가 아주 그냥 포를 뜨고 싶었는데.. (여유를 찾는)
창학 잔대가리 겁나 굴린다고 소문났드만. 하아 연기 좋다~
도경 아이 증거도 없이 깨끗한 경찰한테 이런 식으로 협박하면 진짜..
김차인 (자르며) 사표 내고, 아예 안남시장 수행팀장으로 간다면서요?
도경 갈지 안 갈지 아직 몰라요. 누가 그냥 면접이나 한번 보라고 해서..
창학 씨발년이 구라 칠래? 너랑 박성배 시장이랑 만난 공식 기록만 스물두 번이야!
김차인 (불쑥 내미는 봉투) 이거 한 형사님 사직서 맞죠?
도경 !! (낯익은 글씨체에 놀라는)
김차인 황 반장 사건 때문에 수리가 늦어지고 있던데.. 이거 내가 알아서 처리할게요.
도경 뭐요?

김차인 이거 내가 수리를 해준다고오.
그 말이 뭐 그렇게 어렵나?
도경 아니 뭐 관두고 말고는 위에서 정하지 않겠어요?
김차인 내가 그 위의 위야~

→ 사직서 당기는데 도경이 꽉 쥐고 놓지 않는다.
둘의 신경전.
→ 도경, 잡고 있다가 놓는다. 일어서는 김차인.
봉투로 도경의 얼굴을 훑는.

김차인 (돌아서며) 커피 줘.
도경 아 닝기미 조또 씨바~

→ 싸늘한 얼굴로 돌아보는 김차인.
도경이 웃으며 빤히.. **"뭐얼"**
김차인이 봉투로 툭 친다.
→ 뒤로 물러났던 도경이 시선을 쏘아보며
얼굴을 들이밀고!

김차인 눈 까세요.. 까세요.
창학 이 새끼가!
김차인 눈 까세요. 예? 눈! 까! 까시라고! 눈 까! 눈! 눈!

→ 도경이 끝내 못 참고 덤벼드는데, **"잡아!"**
창학과 수사관들에게 제압당한다.

도경 놔아 씨발. 놔 씻빨!
맹진호 아씨 가만 좀 있어!
도경 내가 좆으로 보여 씨이발~ 놔아!
김차인 자. 지금부터 딱 두 가지만 기억합시다. 응? 첫째.
시간이 없어요. 11월 20날까지만 당신은 살아 있는
거야. 둘째. 야 그만해 놔아. 그날까지 박성배가 증인

이민섭을 납치하라고 시킨 육성 녹음을 증거로 가지고 와요! 그만해. 그만해애 앉혀.

창학 (일으키며) 인나! 앉어 이 씨.

도경 (표정 관리조차 안 되는.. 자리에 털썩 앉는)

김차인 그동안 당신이 박성배를 위해서 저지른 범죄들. 깜쪽같이 했어요. 그런데 박성밴 토껴도 당신은 절대 못 토껴. 왠지 알어? 온갖 나쁜 짓은 당신이 도맡아서 했으니까.

도경 ....

김차인 탈탈 털면 적어도 3년 이상 교도소에 계셔야 돼요.. 나 그거 진짜 잘해~

도경 (차벽에 기대어 저절로 한숨이)

#19 **찬-반 연석 회의장 | 낮**

→ 박성배가 마이크로 열변을 토하고. 도시개발안 찬성파와 반대파가 마주 보며 시큰둥하다.

박성배 미군기지가 철수한 그 금싸라기 땅을 4년째 놀리고 있는 게 다 누구 때문이에요? 시민 게시판에 어떤 시민 한 분이 "안남시 개발을 가로막는 원흉은 바로 개발위원회다!" 이렇게 올렸는데, 댓글이 자그마치 5백 개가 달렸어요!

안남라이언스 잠깐만, 잠깐만요!

박성배 (무시) 다행히 개발위원회가 이번 달 부로 해산한다니까, 이 얼마나 다행입니까!

여성시의원(반) 시장님 시장님~! 시장님 혼자 얘기하실 거면 저희들은 왜 불렀습니까?

부시장(찬) 지금 말씀하고 계시니까.. 이따 발언 기회 따로 요청하세요.

시부의장(반) 아니 애당초 개발위원회 사업안대로 한다고 해놓고..

→ 도경이 회의장 방청석에 앉는다.

시부의장(반) 뒤로다 경기도에 사업인가취소 건의한 게 누굽니까? 예! 우리가 안남개발플랜에만 8년 넘게 매달렸는데 그걸 하루아침에 뒤집은 게 누구냐구여?

박성배 부의장님, 저두 질문 하나 하까요?

시부의장 예에?

박성배 솔직히 8년이라는 게. 특정 세력이 독점하도록 왁꾸 짠 거 아닌가요?

시부의장 (발끈) 방금 하신 말씀 정식으로 취소하세요!

→ 일어서는 반대파. "**취소하세요!**" 긴장감이 고조되는 회의장을 보는 도경.

→ 중구난방으로 "**아니 특정세력이 누굴 말하는 건데!!! 이름을 대세요 이름을!**"

태병조 (빵을 던지며 일어난다) 에헤 그만 그만! 다들 그만 나갑시다이. 더 들을 말도 없꼬. 아따 빵맛 참 좆같구먼. 갑씨다 가!

→ 하지만 반대파들 다시 앉는다. 태병조만 혼자 뻘쭘해져 퇴장한다.. 피식 웃는 도경.

박성배 아니이 멀쩡하게 일 잘하는 시장을 왜 이렇게 쫓아낼라구 이러시는지 참 이해가 안 된다니까~

여성의원 시장님! 이렇게 막 나가실 줄 몰랐네요. 시장님도 뉴타운 계속 밀어붙이실 거잖아요.

시부의장 가아 가!

안남라이언스 차라리 미군기지 다시 하라 그래! 저 사람 말은 들으나마나야~

은충호 "저 사람" 지금 저 사람이라 그랬어요? 아니 공식석상에서 어따 대고 시장님께 함부로 이 사람 저 사람 하는 겁니까!!

→ 고함치고 서로 삿대질하는 찬성-반대파들. 보다
못해 박성배가 마이크로 **쾅-쾅-쾅** 내리친다.

→ 하울링이 귀청을 찢을 듯 울리고..
물잔이 엎어져 박 시장의 바지가 흠뻑 젖었다.

박성배 너무 무섭게 그러시니까 제가 바지에 오줌을 다 싸부렀네요. 허허.

→ 뜬금 유머에 찬성파는 억지로 웃어주고..
화가 난 반대파는 우르르 나가버린다.

→ **경과** | 모두 떠나고 텅 빈 회의장...

→ 긴장한 채 앉은 도경. 그의 눈앞엔 담배 연기를
내뿜는 박성배의 모습..

박성배 나랑 일하기 싫어?

도경 ...제가 얼마나 기다리던 일인데요. 전 당장 그만둔다 그랬죠. 그런데 황 반장 사건 마무리도 안 됐는데 어딜 나가냐? 그래서 그럼 알았따. 그거 마무리만 하고 나갈 거다, 그랬습다.

박성배 씨이! (도경의 목을 조른다)

도경 ....

박성배 진짜는 무슨 일인데?

도경 (최대한 연기) 그게 단데요. 저도 정말 미치겠습니다. 일이 왜 이렇게 꼬이는지...

박성배 (놓아주고) 난 니가아~ 싫었다 좋았다 그른다. 왜 그를까?

도경 ....

박성배 잔뜩 일 벌여놨는데, 니가 안 오믄 누가 하냐고~?

도경 그것 땜에요. 고민 많이 하고 있습니다..

박성배 (자르며) 짝대기 어떻게 됐어?

도경 어젠가.. 의식이 돌아왔다고 들었습니다.

박성배 일을 좀 복잡하게 만들지 마아. 너답지 않어~

도경 정신 바짝 차리겠습니다..

→ 물기를 말린 양복바지를 펼쳐 들고 오는 은충호.

박성배 실장님. 보자~ 앗 밑에 에이 사타구니 쪽이 안 말랐잖아요. 여기 좀 더 말려줘요. 허허허.

은충호 아 예예~ (바지를 허공에 살살 흔든다)

박성배 은 실장님. 아까 마지막에 나 사람들 앞에서 농담할 때 어땠어요?

은충호 시장님 유머에 그냥 전부 뒤집어졌습니다. 하하하.

박성배 모가 전부야, 전부는 아니지이.... 진짜아?

은충호 그럼요. 허허허허.

→ 문이 열리는 소리. 태병조가 성큼성큼 들어온다.

박성배 아~ 저 형 진짜 말 안 듣네 씨이.

→ 도경이 자리를 비켜주는데, 태병조가 가로막는다.

태병조 어이 도경이. 니 시방 짝대기를 완전히 버려 불라고 작정한 것이여?

도경 걔가 지금 주사 맞은 거 때문에 이러는 거 아니에요. 경찰을 죽였어요!

태병조 그랑께 애시당초 팡팡 자빠져 놀고 있는 새끼를 뭐더러 건드냐? 뭐더러?

박성배 형님 나 보러 온 거 아니우?

태병조 야..

→ 도경은 나가고, 태병조가 다가오자 박성배, 접시를 들고 뷔페 식탁으로 간다.

박성배 둘이 따로 보면 안 된다니까. 형이랑 나랑 서로 적군이라고 적군. 가다끼!

태병조 알지라. 근디 아까봉께 인자 반대파 노릇은 그만혀도 되겄든디요?

박성배 뭘 그만해요. 형이 그쪽에서 잘 버텨야 된다니까. 그 쓰레기 같은 섹퀴들 나 죽이고 8000억 공사 낼름 처먹을라구 지금 혈안이구만..

태병조 아니 반대파 새끼들 다 눈치를 채부렀는디 응? 더 가면은 속 보여 불제. 그리고 막말로다가 양쪽에서 내가 협공이라도 받아불면은 나는 삽질 한 번도 못해보고 작살..

박성배 (돌아보며) 형님은 믿음이 없써! 그라니까 내가 더 힘들어지잖우.

태병조 아니 저짝 새끼들이 지금 부장검사를 데려다가 맞짱을 한 번 뜨자믄서요? 그라믄 우리도 중앙지검으로다가 뭐를 해가꼬 대비를..

박성배 나두 그루구 싶어! 당장 자금 200개만 있으면 바로 찔러볼 수 있어, 나도! 근데 형님 오까네 엥꼬 났담서?

태병조 아따매 시발 진짜 징하네. 또 돈 얘기 하시네! 아니 돈이 진짜 엥꼬가 나버렸다니까요. 올해 시장님이 나한테 갖고 간 돈이 지금 얼만지 아세요, 지금?

박성배 아따 씨발 답답하네! 그럼 민평동 한 군데만 땅 팝니까? 내가 몇 번을 얘기해야 돼? 대단지 상권으로 갈라면 동남-재덕-진평까지 통으로 인허가 떨어질 때까진 버텨야 한다니까. 씨발 진짜 콱!

은충호 저기 여기... (팬티부터 입으시라는)

태병조 워매.. 아니 시의회가 반대를 처 불면 공사 자체가 안되분다니까요. 시장님이 지금 무죄판결이 나와서 그라제. 아따매 참 깝깝한 말씀하고 계시네. 진짜로~

박성배 형님. 밀당을 해야 돼요 밀당을.. 아이 진짜 정치를 몰라아.

#20 노천 호프집 | 심야

→ 얼큰하게 취한 도경과 선모. 주변 테이블이 빽빽하다.

선모 가긴 가는 데에.. 그 시장님 소문이 무서워도 씨발 존나 무서워요.

도경 소문 믿지 말라니까. 자기 사람이다 싶으면 얼마나 알뜰하게 챙겨주시는지 알아여? 너 지금 실수령액이 얼마야? 끽해야 220? 기본이 400이야. 보너스 따로~

선모 아이 씨. 돈. 돈. 돈. 내가 지금 돈 땜에 거길 가는 게 아니야~ 난 그냥 백 프로 형만 믿고 글루 가는 거예요.

도경 말은 조또 씨발 맨날 나만 믿는데요 씨바~

선모 그래도. 졸라리 고맙죠오?

도경 야이 씨발아. 베리 베리 땡큐지...??!!

→ 도경은 순간, 술집 입구에 서 있는 창학을 발견한다!

#21 낡은 동네 골목길 | 오후

→ 공중 촬영. 후미진 골목 동네가 펼쳐지고.. 창학과 통화한 내용이 흐른다.

(도경) '예.. 뭔데요?'

(창학) '니 맘대로 사직서 돌려받았드라. 뭐라구 구라 쳐서 외사과로 간 거야?'

(도경) '용건만 말하세요.'

→ 폰에 찍힌 주소를 확인하는 도경. 뱀꼬리처럼 이어지는 비좁은 계단.

#22 컴컴한 복도 | 늦은 오후

→ 계단을 내려오는 도경. 퀘퀘한 복도를 어둠과 빛이 댕강댕강 자르고..

(창학) '우리 사무실 조용한데 차렸어. 거기 주소 찍어줄 테니까 내일부터 출근해.'

(도경) '하 참. 귀찮게 하시네.'

(창학) '와서 열심히 일해.. 우린 성격이 급해서 박성배 당장 잡아 조질 거야! 11월 20일 금방이다. 교도소 안 가고 싶으면 뭐라도 녹음해서 들고 와.'

(도경) '아 예~'

→ 좁은 통로. 고양이가 내려다본다. 문짝을 두들기는 도경, 다른 철문이 덜컹 열리고 **"여기요"**

#23 검찰 아지트 내부 | 늦은 오후

→ 차승미를 따라 들어가는 통로. 오래된 집안 내실에 박스들 가득하고.. 검찰팀이 회의 중!

창학 모두가 박성배가 질 거라고 예상을 했었습니다. 그런데 막상 박성배가 시장에 재선 되고, 도시개발 이권을 혼자서 다 먹으려고 하니까 반대세력들이 똘똘 뭉쳐서 들고일어난 겁니다. 그 반대세력 중에 태병조가 끼어 있다는 게 좀 걸립니다.

차승미 그동안 태병조한테서 정치자금을 90% 이상을 뽑아 썼는데.. 서로 싸우는 척 쑈 하는 거 아닐까요?

→ 뒤편에 서는 도경. 창밖으로 고개를 돌리면.. 가난하게 펼쳐진 안남시 개발지구 풍경이

파노라마처럼 드러난다. 플래카드에
「박성배 시장 OUT!」「재개발 결사반대」

김차인 그거는 저 아저씨가 잘 알 것 같은데. 응?
(도경을 보며) 이 두 양반이 지금 뭔 작당을 벌이는
거예요?
도경 ......
창학 대답 똑바로 잘해. 그저께 사직서 돌려받은 것도
다 아신다.
김차인 녹음하셨어요?
도경 (고개 젓는다)
김차인 왜애?
도경 전 증인 납치 지시받은 적 없습니다..
김차인 하...!
창학 저 년 그냥 잡아 처넣고 시작하시죠!

→ 분위기 싸해졌다.. 김차인이 일어나 도경을
툭 친다. 자기를 따라오라는.

#24 검찰 아지트 부엌 | 늦은 오후

→ 옛날 부엌. 도경을 앞에 두고. 김차인이
스마트폰에서 무언가 찾는다.

김차인 머리를 쓰신 게 겨우 문선모를 대신 보낸 거예요?
도경 지가 마음대로 가겠다는 걸 나보구 어떻게 하라구요?

→ 눈앞에 들이미는 동영상.. 도경이 싼타페에서
한 여자와 섹스하는 걸 도촬한!!!

김차인 둘이 아주 좁아터진 데서 그냥 애들을 쓰셔~
도경 (잠시 어쩔 줄 모르는...) 오케이! 뭐 확 까발려보죠.

안남시장 조질려구 경기지검이 불법수사 하는 거.
방송에 인터넷에 쫘악 깔아서 싸그리 공개해보죠!

김차인 흥분하지 말고 앉어.

도경 김 검사님께서 내가 얼마나 조까튼 개섹뀐지 모르나 본데요~

김차인 아유 좀 앉어~

도경 조또 니미 끝까지 가보자. 나 뻥까 안 쳐 씨발! (문 열고 나가는)

김차인 와이프 전화번호가 010..

→ 뒤돌아보는 도경. 수사관들도 주시하는.

김차인 49.82. 맞죠? (찍힌 번호 보여주며) 이거 전송키 눌러?

도경 하지 마.

김차인 뭐? 나 못 들었어. 지금 뭐라 그랬어요?

도경 (다시 들어와) 하지 마세요.

김차인 뭘 하지 말어~

도경 그 사람 지금 죽어갑니다!

김차인 그걸 아는 양반이 병든 마누라 두고 떡을 쳐? 어!

도경 하이고 씨발!

김차인 와이프한테 사죄하는 마음으로 도경 씨가 직접 전송키 누를래?

도경 진짜 왜 그러세요?

김차인 누르자. 누르자.. 그래 눌러. 전송키 눌러.

도경 하오~ 씨발 진짜!

김차인 눌러. 눌러!

도경 검사님! 진짜! 씨발~ 진짜 아이 씨

김차인 눌러! 눌러~~~ 눌러! 눌러!!

도경 아이고 씨발 진짜!

김차인 눌러! 눌러! 눌러 이씨!

도경 (마지못해 무릎을 꿇는)

김차인 아이고~ 야 그거는 아니다아. 아이고 씨!
도경 무조건 녹음하겠습니다.
김차인 뭘?
도경 시장님이 이민섭 납치 지시한 거.

#25 검찰 아지트 거실 (삼겹살 파티) | 밤

→ 지글지글 타는 삼겹살..
창학은 옆에 앉은 도경에게 술을 따라준다.

맹진호 태병조랑 같이 범죄단체조직죄로 한 번에 엮는 게 빠를 것 같은데.
차승미 박성배가 확실히 엮여야 잡지~!
주변인 금융 기록들 싸그리 털 거면 공식수사절차 밟아야 되는데, 그럼 가만있겠어?
김차인 정보망은 우리보다 한 수 위야. (도경을 보며) 계장님!
거 너무 많이 멕이는 거 아닌지 모르겠다.
창학 잘 마시네요.
김차인 괜찮으면 내가 한 잔 드릴까요?
도경 예. (잔을 받으며) 검사님.. 질문해도 돼여?
김차인 질문하고 싶은 거 있음 물어봐요.
도경 오 부장검사님을 박성배 반대파가 데꾸왔다든데..
그럼 검사님이 그분 딱가리세요?
일동 !!! (조용. 눈치만 보는)
김차인 딱가리? 그거 다 헛소문입니다.
창학 야. 그걸 질문이라고 하냐 이 씨발년아?
도경 검사님이 질문하래잖아 이 븅신아~
창학 (재킷을 벗는) 후우~ 너 나와 봐.
차승미 에이~ 계장님!
창학 나오라고 이 씨!
도경 흐흐흐.. 구래구래. (팔소매 걷는)
김차인 둘 다 앉으세요! 아이 계장님 참으세요..

한 형사님, 형사들 범인 잡기 전까지 참는 거 잘하죠? 우리도 참는 거 잘해요. 서로 존중하고 그래야 신뢰감도 쌓이고 그래야 범인 잡는 거 아니에요?

도경 아~ 조또 가식적이야.

창학 죽을라고 이씨! (주먹을 치켜들자 수사관들 말린다)

도경 당신 검사만 아니었으면 나한테 죽었어! 씨발 안 놔아~

김차인 아 한 형사님 진짜 배짱 하나 맘에 든다. 멋지다 한도경이!!

도경 아이고오 조지나 뺑뺑이다!

→ 차승미, 맥주병으로 도경 머리를 찍는다. **퍽!**

차승미 아가리 닥쳐 이 새끼야!

도경 씨바..

#26

동강병원 간호사실
복도 | 밤

→ 도경이 혼자 머리에 반창고를 붙이고.. 옆에서 보는 신 간호사.

신 간호사 제가 도와드려요?

도경 다 됐어요.

신 간호사 또 다치구.. 조심 좀 하세여.

(소리) 아오~ 우리 형님은 재주도 좋아~

→ 말쑥한 양복을 빼입은 문선모가 **"충성!"** 하며 경례.

→ ...둘이 나란히 복도를 걷는다.

선모 5분 내로 올라오실 겁니다.

도경 이게 씨발 그 펄 그레이냐?

선모 요즘 누가 은깔치를 입어요. 쪽팔리게. (안감 상표 보여주며) 조루지오 아르마니이~ 백화점 쎄일루~ 싸게! 형 이게.. (양복 쓸어내리며) 라인이 라인이~~

도경 시장님 모시기 힘들지?

선모 아유 막 고름을 계속 짜는데.. 미쳤어 그 사람!

도경 (슬쩍 폰을 꺼내는 도경, 녹음 앱을 누른다)

선모 형 그래도 나 여기 들어온 거 되게 좋아요. 내가 원래 정치인들 진짜 싫어했는데.. 크으~ 이게 실제로 따악 보니까 멋있어! 자기들끼리 막 노는 판때기가 아주 크아~

도경 따로 챙겨주시는 것도 있지?

선모 깜~짝 놀랐다니까~ 나 차 살라고 베엠베 520!

#27 동강병원 1인실 | 밤

→ 잠든 윤희를 물끄러미 보는 박성배(등산복 차림)..
도경이 백팩을 받아 든다.

박성배 아 진작에 이 방에 오지 그랬어?

도경 싫다는 걸 억지로 옮겼습니다.

박성배 애 좀 씻겨라! 냄새난다. (소파에 털썩)
아이고오~ 마빡은 또 왜 그래?

도경 길게 편히 누우십시오.

박성배 (누워 기지개 켜는) 아고 좋다아~ 아으으그~~ (대뜸) 그 검사 새끼 이름이 김차인이래나~ 32긴데 법대도 지방대 나왔드만.

도경 !!!!

박성배 영남 출신도 아니고. 콱 밟으면 밟히겠던데에.

도경 특수부 검사 말씀하시는 거죠?

→ 박성배가 끄덕인다. 마주 앉는 도경,
슬그머니 녹음 중인 폰을 탁자에 엎어놓는다.

박성배 하이고 우리 태병조 형님 하도 드러운 게 많아서 낚일 거 같애~ 그지?

도경 제가 그래서 태 사장 멀리 하셔야 된다고 말씀드렸던 겁니다.

박성배 그래두 그 형이 십 년 넘게 내 셰파뜨 해줬으니까. 뭐 나쁜 쪽으론 생각도 하지 말자, 그러는 거야 내 마음은..

도경 그래도 단호하게 정리하셔야 됩니다!

박성배 !...니가 그딴 판단하고 그러지마아. 나한테 명령하는 거처럼 들리잖어~ (귤을 건네자 도경이 입으로 받아먹고)

도경 전 그냥 무조건 시장님 입장에서만 생각해서 말씀드리는 겁니다.

박성배 야! 원래 인간은 남 입장에서 생각해지질 않는 거야~ 다 지만 생각하는 거라구. 우리 도경이만 빼고.

도경 예 그럼요.. (그때 방안에 불이 켜진다!)

→ 얼굴을 가리는 박성배. 도경이 잽싸게 일어나 문가로 가면서 **"이따 부를게요."**

→ 엉거주춤 선 신 간호사.. 후다닥 달려온 선모가 **"어 선생님. 잠시만요."** 밀어내고 문을 닫는다.

선모 죄송합니다! 잠깐 화장실 좀.

박성배 야. 그거 좀 꺼내 줘 봐.

선모 예. (비닐봉지에 담긴 **2G폰**을 건넨다)

도경 ??

박성배 여주에서 농사짓는 어떤 노인네 명의로 개통한 건데, 너하고 나하고 그리고 은 실장만 쓰는 전용폰이야. 이제부터 그걸로 연락해야 돼.

도경 예.

선모 네 명입니다. 저까지.

박성배 니 둘. 형제 같은 사이라매?

도경, 선모 예.. (동시에 말했다)

박성배 새퀴들. 그렇지, 남잔 의리지! (손가락 까닥까닥)

선모 예. (다가와 숙이는)

박성배 편하게 하란다고 진짜 편하게 하면~ (방긋 미소)

→ 손바닥을 치켜드는 박성배.. 선모는 깨닫는다!
저 손을 피하면 절대로 안 된다는 걸.

박성배 그런 놈이 인생에서 (사정없이 퍽) 성공하겠니?

선모 (얼른 원위치) 잘못했습니다!

→ **퍽!** 자동으로 원위치하는 선모.
마치 때려주셔서 감사하다는 충성의 눈빛..

선모 잘하겠습니다!

박성배 (손은 올렸지만.. 눈매가 풀어져) 오호~
아 이 새끼 귀엽네! 가자.

→ **"예!"** 선모, 병실을 나서고.. 박성배가 일어나 윤희 쪽으로 **"몸조리 자알 해라..."**

→ 등산 배낭에서 인삼 드링크 박스를 꺼내어 도경에게 준다.

박성배 재가 먹어도 될라나 모르겠다?

도경 감사합니다.

→ 병실 문 앞에서 돌아보는 박성배. **"도경아..."**

박성배 깡패 새끼 죽일까?

도경 (놀라는) 태 사장이요?

박성배 (더 작게) 니가 할래?

도경 ......

박성배 왜, 하기 싫어?
도경 (고개를 젓는)
박성배 새끼 쫄기는.. 농담이야 농담~

→ 문이 닫히고. 남겨진 도경...... 탁자의 폰을 집어 든다. 녹음 여부를 확인한 뒤 인삼 박스를 열어본다. 예상대로 오만 원권이 담긴!! 삭제 버튼을 누르기 직전 잠시 고민하는 도경.

#28 검찰 아지트 거실 | 낮

→ 도경, 박성배 주변 관계도를 보고 있다. 중국집 배달부가 식탁에 음식을 펼치는 중..

맹진호 옷에 붙이는 소형 녹음기라도 달아드릴까요?
도경 내가 알아서 한다고..
차승미 말 걸지 마. 성질 드럽단 말야.
도경 (승미를 본다)
차승미 볶음밥 나눠 드실래요?
도경 왜애?
차승미 불쌍해 보이니까~
도경 너 나 좋니?
차승미 지랄하네. 내가 제일루 싫어하는 스타일이야~

→ 배달부가 나갈 때 도창학이 들어온다.
"짱깨 시켰니?"

창학 배들 고팠구나... 비밀본부 차려놓고 동네방네 소문내고 잘한다 이 씨발새끼들아! (맹진호에게 짜장 그릇을 던진다)
차승미 (손 들며) 인물관계표 오늘까지 제가 다 끝내자 그래서..
창학 자기네들만 일하는 거 같애.

→ 마침 들어오는 김차인.

김차인 한도경 씨! 와이프가 박성배 이복동생이라며? 매제네~!
병원에서 대화 나눴죠. 형님이랑~

도경 증인 얘길 아예 안 하는 걸 뭐 어떻게 녹음하라구요?

창학 니가 물어봤어야지. 미친년아~

김차인 (폰이 울린다, 발신자명 보고) 잠깐. 다들 조용!
예 부장님..

→ ...후미진 통로에서 통화한다.

김차인 말씀하십쇼. 네??

→ 통화를 마치고 돌아오는 김차인,
거친 호흡으로 **"여기 철수 하래네~"**

창학 예?

김차인 당분간 수원서 왔다 갔다 합시다.

일동 ??!!

창학 부장검사님하고 통화하신 거 아니었습니까?

김차인 압력이 내려오나 보네.

창학 (도경을 보며) 이 씨발, 너 죽었어!

김차인 거기 아니고! (생수병을 박성배 사진에 던지며) 우리
시장님께서!
한도경이 형님께서 더 위를 흔드셨네.
잘 됐어 이참에 쉬는 거지 뭐.

도경 ....!

김차인 야 짐 싸! 짐 싸! 짐 싸! (탁자를 뒤엎는다)
짐 싸아~~!

#29 안남서부서 외사과 | 낮

→ 외사계 풍경. 도경이 이주민 여성과 '다문화가정 설문지'를 작성하며 아이에게 사탕을 준다.

이주민 여성 우리 남편. 통장 안 보여줘요.
도경 그거 중요한 거 아니니까 그냥 1번에다 똥그라미 치세요.

→ 강력반 동료였던 두 형사가 들어온다.

국 형사 아이고 좋네 좋아 우리 도경이. 이쁜 언니들이랑 부대끼면서 일하는 게~
도경 응 아주 그냥 좋아 죽어.. 근데 웬일들이유?
강 형사 껄끄러운 일 터졌붓따~
도경 ....
국 형사 작대기 그 씨벨놈이 진술을 확 뒤집어버렸어!

#30 형사과 조사실 | 낮

→ 작대기와 도경 단둘이 마주 앉은.. 감시창 너머 옆방에서 주시하는 형사들.

작대기 내가 안 죽였따니까! 난 황 반장이 뒤졌는지도 몰랐어~ 근데 왜 죽었어? ..당뇨? 간경화?
도경 우린 니가 반장님 미는 거 봤는데.
작대기 하~ 까만 잠바 그 씹탱이랑 입을 맞췄네. 그지?
도경 소설 쓰냐 이 빙신아?
작대기 흐흐 소설은 자기가 쓰네 지금 보니깐. (조그맣게) 과일 창고 얘기도 좀 해볼까~?
도경 누가 뽕쟁이 쌔끼 아니래까봐 혼자 판타지를 써요~
작대기 목소리나 떨지 마쇼. 형사란 양반이..

→ 표정이 서늘해진 도경, 일어나 카메라 쪽으로..

→ 옆방에서 동요하는 형사들. **"저 새끼 왜 저래?"**
"왜 저래!"

→ 도경, 녹화용 카메라를 치우자, 옆방 형사들. **"아~"**
"저 새끼! 저 씨."

→ 탁자를 발로 차는 도경. 휠체어에 탄 작대기가 가슴을 움켜쥐고 뒤로 쾅!

→ **"일루와 새끼야."** 캐비넷 위로 도망가는 작대기. 서류 박스를 마구 던진다. **"씨발놈!"**

→ 도경이 의자를 들어 작대기를 때리는.. 형사들이 들이닥친다. **야야야야!**

→ 형사들이 말리면서 뒤엉키고.. 신발을 던지는 작대기.. **"내려와 이 새끼야. 내려와!"**

→ 떠밀려 나가는 도경.. 문가에 서 있는 선모와 마주친다.

선모 아 형! 진정. 진정하세요. 왜 이렇게 흥분하셨어요. 형이 뭐 잘못한 것도 없는데에..

도경 !!

#31　　백반집 한 귀퉁이 | 황혼

→ 우적우적 밥을 먹는 도경. 선모는 삼치 살을 발라 선배의 밥공기에 올려준다.

선모 복지리 드시러 가시지~ 육천 원짜리 백반 지겹다문서..

도경 (꾸역꾸역 삼키며) 아까 왜 그랬니? 내가 쑈잉하지 말라 그랬지!

선모 아니 지게꾼 말을 누가 믿어여~ 우리 형 진짜 간땡이가 존나 쪼그라들었어.

도경 나 진짜 씨발새끼가!!

선모 (젓가락 내려놓고) 아 왜 욕을 하고 그러세요~

도경 선모야! 끝까지 살아남으려면 어떻게 해야 된다 그랬어? '지 분수를 알고 선을 절대 넘으면 안 된다~'

선모 '선 앞에서 멈춰 서라!' 형! 제 할 일은 제가 알아서 할게요. 예? (일어나는)

도경 앉아.

선모 가야 돼요.

도경 앉으라구!

선모 시장님이 내일 행사 나오시래요. (2만 원을 꺼내놓고 나간다)

도경 !! (부글부글 울화가 치미는..)

#32 **뉴타운 발표장 | 낮**

→ 스크린 가득 **「안남을 제2의 분당으로!」**
박성배 시장이 뉴타운 개발을 브리핑한다.

박성배 지방 각지에서 돈 벌려고 올라온 아주 가난한 사람들을 거기다 다 몰아넣어서 처음에는 먹고살기가 아주 개판 5분 전이었습니다. 그러다 6공 때, 분당 신도시를 따악 만드니까 지금은 어떻게 됐습니까? 예? 지금 어떻게 됐습니까?

→ 행사장으로 들어오는 도경.

박성배 지금은 '천당 위에 분당' 아닙니까?

청중 (박수로 호응한다)

박성배 우리 안남도 나중에 한번 보십쇼. 전국에서 돈 싸들고 덤벼드는 부자 동네! 무슨 동네요?

청중들 부자 동네.

박성배 안 들립니다~ 무슨 동네요?

청중들 부자 동네에~

박성배 저 박성배가 이 손으로 꼭 한번 만들어 보겠습니다!

→ 열렬한 박수~ 도경이 선모의 옆자리에
털썩 앉는다.

도경 (2만 원을 던져 주며) 차 산다며? 거기다 보태.
선모 아니 어제.. 기분 많이 나쁘셨어요?
도경 밥 사주믄 좋지~ 븽신아.
선모 ...... (쓴웃음)
도경 쪼개지 말고 어서 지갑에 넣어.
선모 아, 예.. (후우.. 지갑을 꺼낸다)
도경 내가 요즘 후회를 해. 너 형사 옷 벗게 한 거.
선모 형이 왜 후회를 하세요? 형 땜에 형사 그만둔 거 아닌데에.
도경 아유 조지나 뺑뺑이세요.
박성배 예 이제 그럼! 멋지게 완공된 안남 메트로폴리스. 미리 만나보시겠습니다!

→ 홍보 영상이 시작된다... 박성배는
시계를 보고 옆에서 정무부시장이 **"멋지십니다."**

선모 (일어서며 무전) 이제 다들 긴장하세요.
도경 (붙잡으며) 그래서 오늘 스토리가 뭐야?
선모 태 사장네 식구들 와서 깽판 칠 겁니다.
도경 !!... 그걸 왜 지금 말해?
선모 그럼 언제 말해요? (도경을 무시) 저 가야 돼요.
도경 (소매를 잡는) 짧게라도 말해. 내가 알아야 뭘 돕든지.
선모 알아도 말 못 해요. 시장님 원칙 모르세요? '최소 인원만 정보 공유!'

→ 커튼이 걷히며 햇빛이 들어오고, 밀려 들어오는
건장한 덩치들! 술렁거리는 행사장.
→ 태병조 패거리가 위력 시위를 하자 시민들
혼비백산하는.
→ 은충호가 기자들 테이블을 향해, **"김 기자!"**
기자들. 카메라를 들고 신속하게 움직인다.
→ 태병조를 선두로 들어오는 패거리.
셔터 소리와 플래시 빛에 당황하는 태병조!

태병조 눈부시게 이게 뭐여??! 에헤이~
광산 어이 카메라! 어이 찍지 마!

→ 건달들 테이블 한편으로 물러나고, 자리에 앉는
태병조. 카메라를 치우라며 소란스럽다.
→ **"카메라 끄라잖아!" "지금부터 우리 식구들 아무
짓도 하지 마!" "다 이쪽으로 모여!"**

박성배 (은충호에게 귀엣말) 쟤들 지금 뭐 하고 있어?
왜 하다가 말아?

→ 은충호가 선모에게 다가가 속삭인다.

은충호 빨리 시작하라고 그래!
선모 네.

→ 사람들을 헤치며 태병조에게 걸어가는 선모.
상황을 주시하는 도경.
→ 태병조 앞에서 선모가 긴장한 채 말을 전한다.

선모 사장님.. 빨리 시작하시랍니다.
태병조 아야 느그 시장님은 말이여. 시방 맨날 나만 죽으라는
거여 뭐여? 아니 카메라 다 찍어갖고 테레비에다 확

뿌려버릴 모냥인디~ 니미 시발
너 같음 하겄냐?

선모 (당황.. 뒤쪽을 살피고) 그래도 빨리 하시랍니다.

태병조 요 똘아이 새끼 보소!

→ 선모에게 맥주를 뿌린다.

→ 박성배, 한심한 듯 고개를 돌리고
"이 씨발~"

→ 도경과 시선이 마주친다. 멀리서 도경이
고개 숙여 인사한다.

태병조 싸가지가 닭 모가지 같은 새끼야. 하고 싶으면 니가 해
쒸벌놈아! 아야 그거 줘봐! 해봐 니가. 잘하게 생겼구만.

→ 커터칼을 선모에게 휙 던져주는 태병조.
도경이 결심하고 앞으로 나선다.

도경 사장님! (광산을 밀치면서) 그냥 약속한 대로 하시죠?

태병조 아야 도경아 나는 인자부터 저 요상한 인간이 시키는 거
더 못하겄어. (일어나고) 아야 가자~

박성배 (다급해진) 저기 잠깐! 선생니임~ 이게 무슨 짓입니까?

은충호 시장님..

박성배 놔봐요. 놔보라니까! 이런 데서 행패를 부리시면
어떡해요~

도경 (잔머리 굴리는 눈빛!)

→ 순간 도경이 선모 손에서 커터칼을 가로채고,
주스잔을 집어 든다.

도경 야 태병조! (태병조 얼굴에 주스를 끼얹는다)

태병조 뭐여?

도경 가면 안 되지!

→ 건달들 도경에게 달려들고.. 우당탕!
격렬한 난투극!
→ 안남시장이 옳다구나 박수 치며 다가온다.

박성배 싸우지 마세요! (밀치고 나오며)
싸우면 안 됩니다아~
태병조 나와봐 이 새끼야! 이 씨발놈 죽여버려
이거 안 놓냐!
박성배 (자신을 보호하려는 선모에게)
나와 이 바보 같은 새끼야.

→ 양측의 싸움을 말리는 박성배.
도경은 태병조를 악착같이 붙잡고 늘어진다.

박성배 싸우지 마세요. 제발! 제발 싸우지들 말라고!

→ 도경이 커터칼을 꺼내 태병조 손에 쥐어주고,
박성배 쪽으로 돌아선다.

도경 ...... (박성배를 본다)
박성배 !!! (감 잡았다)
태병조 놔 이 새끼야. 이 미친놈의 개새끼야.
놓으라고오 새끼야!

→ 쏜살같이 달려오는 박성배(고속).
커터날을 거머쥐고는 자기 머리를 들이민다.

박성배 가려! 가리라고!

→ 주욱 그어지는 정수리. **으아아아아!!!**
피를 철철 흘리는 박성배! **"시장님!"**
모두 경악한다.

선모 시장님. 피!

은충호 비켜 비켜! 시장님 몸에 손대지 마! 김 기자, 김 기자!

→ 은충호가 박성배 주위를 막는다.
이때 경찰과 구급대가 들어오고..

→ 태병조는 칼을 자신의 똘마니에게 던진다.
얼떨결에 받아 든 똘마니.

박성배 이 사람이 그랬습니다! (똘마니를 지목) 저 사람이 범인입니다!

똘마니 (경찰들 덮치자) 나 아니에요~

→ 박성배는 선혈이 낭자한 얼굴을 치켜든 채 기자 쪽을 향하고. 청중을 향해서.

박성배 괜찮습니다. 저 박성배는 여러분들과 끝까지 갈 겁니다!!

은충호 비켜. 막어. (구호를 선창한다) 박성배! 박성배!

→ 카메라 플래시 터진다. 맹렬한 박수와 함성.
"박성배! 박성배!!" 화면 정지된다..

#33 반대파 회의실 | 오후

→ '커터칼 테러사건' 인터넷 기사 [C.U.]
"아니 이렇게 손 놓고 있을 겁니까?"

→ 반대파가 모여서 울화통을 터뜨린다.
"기사가 이렇게 나면 어쩌자는 거야!"

여성의원 아 손 놓고 싶은 사람이 어딨겠어요!

시부의장 무슨 대책을 세워야 될 거 아닙니까?

→ 불만을 묵묵히 듣던 오철순 부장검사, 뒷전에 앉은 김차인 쪽으로 간다.

오 검사 두 놈이 짜고 쑈하는 거 알았잖아?

김차인 죄송합니다.. (고개를 조아린다)

오 검사 (작게) 11월 20일까지 엮어 오랬지?
당신 약속대로 이 건에서 손 떼는 게 좋겠어.. (돌아선다)

김차인 부장님. (일어나) 기한을 조금만 더 주십쇼.
꼭 구속시키겠습니다!

오 검사 (가슴팍을 밀치며) 아이그...

#34 **미군기지 격납고**
권총사격장 | 밤

→ 탕탕탕탕. 오래전 철수한 미군기지 격납고의 권총사격장. 머리에 반창고를 붙인 박성배가 총구를 조준하며 탕 탕 탕탕! 사격판을 빗나가는 총알들..

박성배 조또 안 맞네 진짜..

→ 총을 받아 든 도경, 탄환을 재장전하는 표정이 시무룩. 박성배가 힐끔 본다.

박성배 뭐가 그렇게 서운해?

도경 저도 식군데 저만 몰랐다는 게 그랬습니다. (장전해서 건네면)

박성배 다 알면 그게 쑈지, 정치냐~? (은충호가 귀마개를 건네자) 치워. 귀 아파.

→ 과녁을 조준하는 박성배. 사선을 지나 앞으로 나가서 당긴다. 탕 탕 탕.

→ 그래도 안 맞으니까, 다시 두어 걸음 더 가서
탕탕탕. 타깃에 명중한다!!

은충호 50발 다 쏘셨습니다!
박성배 하아 스트레스 쬐에금 풀린다~ (총을 던져주고)
은 실장님.
은충호 예.
박성배 YTN 메인뉴스에 내 얘기 나왔다면서요?
은충호 리퍼트 미 대사가 피습당했을 때보다 더 의연하셨답니다.
박성배 (좋아 죽는) 누가요? 내가요? 에이이~
은충호 언론에서 난립니다.
박성배 흐흐 함 보까요~

→ 뻘쭘해진 도경. 박성배는 선모가 받쳐 든 폰으로
모바일 뉴스를 감상한다.

(뉴스앵커) "20일..... 뉴타운 사업설명회를 개최하던
박성배 안남시장이..... 흉기에 머리를 맞아..............
이번 피습 사건으로 박성배 시장의 지지율은 오히려 상승..........
박성배 시장은 피를 흘리면서도....... 공직사회의 귀감이 되고 있습니다."
박성배 이거는 우리 도경이가 침착하게 아주 잘 했어잉~
도경 아닙니다. (다가오며) 선모가 뒤를 카바해 줘서.
박성배 이 새끼 이거. 아직 멀었어!
선모 .... 태 사장 올 시간 다 됐습니다.
도경 당분간 태 사장 건드리지 않는 게 좋습니다.
검찰 애들이 요즘..
박성배 도경아.. 나 겁 많어. 겁주지 마란 말야~
도경 되도록 걔들한테 꼬투리 잡히는 일 안 하시는 게..
박성배 작대기 나발 분다며?
도경 ?!!!
은충호 그놈이 이민섭이랑 공항까지 동행한 건
일부 시인한 모양입니다.
도경 (담담한 척) 작대기는 절대 얘기 못 합니다.

지도 살인에 직접 책임이 있어서..

박성배 순진한 척하기는 새끼! 황 거시기 형사반장 살인사건으로 너랑 작대기랑 제대로 붙었다며?

도경 !! (선모를 본다)

선모 (시선 무시) 시장님. 캐리어 진행 건 문잡니다.

→ 선모의 2G폰 문자를 읽는 박성배..
혼자 남겨진 도경. 그들의 밀담에서 소외되었다.

박성배 은 실장님! 민평동에 과일박스 준비되었다면서요?

은충호 예! 제가 패킹까지 직접 다 확인했습니다.

박성배 그 병천이는 (힐끔 도경을 쳐다보고) 야 경찰. 절루 나가 있어. 야 나가라고 임마!

선모 민평동에도 보는 눈이 많은데 차라리 새벽이 낫지 않을까요?

→ 도경이 별 수 없이 사격장 밖으로 나간다.

#35 **미군기지 격납고 | 연결**

→ 멀리서 지켜보는 도경. 기분이 뭐 같다.

→ 박성배에게 지시를 듣는 선모는 꽤 신임을 얻은 듯 보인다. **"내일 밤까지 발송...."**

→ 그때 셔터를 올리고 들어오는 두 그림자. 태병조와 덩치가 큰 광산이다.

박성배 진짜 저 형님. 아유 혼자 오라니까아~

태병조 버릇이 되어부러갖꼬.. (광산에게) 아야 넌 여기 있어라잉.

→ **경과 |** .. 도경의 시선으로 권총사격장의 박성배와 태병조의 독대를 지켜본다.

→ 뒷전에서 어슬렁거리던 선모와 눈이 마주치는 도경..

#36 격납고

권총 사격장 | 연결

박성배 (분필로 중앙선을 긋는다) 시민단체엔
형이 자발적으로 빠진다고 얘기하셨다더만.

태병조 아따매 뭔 말을 그렇게 섭섭하게 하십니까~
지가 순간적으로 지 마음을 컨트롤을 못해부려갖고
그랬는디, 저 그동안 반성 많이 했습니다.

박성배 그렇게 발표하셨으면 그러는 것도 괜찮지 않아요?

태병조 아 그랑께로~, 인자 성배 동상은 영웅 돼 버렸응께,
이 태병조는 뒷간에다 갖다 버려 분다고?

박성배 그럴려구요..

태병조 !!!

박성배 (씩 웃으며) 미안해요. 형님.

태병조 (일어나며) 어이. 나가 말이여, 충고 한마디 해주까?

박성배 하지 마 하지 마. 충고하지 마. 나 지겨워~
그래서 나도 형한테 안 하잖아.

→ 울화통 터지는 태병조, 최대한 억누르고 박성배를 본다.

박성배 진짜야~ 양아치 새끼들 돈 안 받고, 깨끗한 정치를 한번
해볼라고!

태병조 맨날 남 뒷빡 칠 궁리만 하고 다니께로,
지가 시장인지 사기꾼 새끼인지 구분이 안 되는 갑제?
알았어 씨발! 앞으로 말이여 나가 확실하게 반대파로
나설 것인게. 그 잘난 대그빡 잘 한번 굴려봐~이.
(섬뜩하게) 안 그라믄 씨발 훅 가부는 수가 있어!

박성배 (아무렇지도 않다는 듯) 은 실장님~ 태 사장님

가신답니다.

태병조 아야. 말 안 끝났다. 니 어디 가냐?

#37 미군기지 격납고 | 연결

태병조 박성배! 거기 서보라고 이 새끼야.

박성배 총 줘요.. 총 달라고!

태병조 총? 광산아! 너 그거 줘봐!

박성배 빨리 내놔!

은충호 (둘러대는) 지금 총알이 없습니다..

→ 악이 받친 태병조도 광산이 갖고 있던 사시미 칼을 꺼내 든다. **"아야. 니 일로 와봐 봐."**

→ 칼을 든 태병조를 보자, 은충호가 놀라서 박성배를 감싸는데..

태병조 요 씨발놈 확 포를 떠불랑께!

선모 ...... (급하게 밖으로 나간다)

박성배 괜찮아요! 잠깐! 가만있어보라고 조용히 해!
왜, 그걸로 나 찌르시게?

태병조 그럼 찌르지 이 씨발놈아 내가 못 찌를 줄 아냐!!

→ 흥분한 두 사람을 진정시키려 안절부절못하는 은충호와 광산!

박성배 배운 게 뭐밖에 없다고~ 야! 양아치들 나가!

태병조 양아치?!! 니가 무슨 정치여 니미 씨발놈아!

박성배 빨리 나가라고!

태병조 가만있어보라고 이 씨발놈! 아야 놔 봐!

은충호 다치면 어떻게 하려고 진짜.

→ 이때 환한 자동차 불빛?? 선모가 운전대를 잡고
그대로.. 광산과 태병조를 향해 쾅~!
→ 놀라는 도경.. 쓰러진 태병조가 비틀비틀
일어서는데, 선모가 이를 악물고 액셀을 꾹 밟는다.
→ 부웅~ 쓰러진 광산을 짓뭉개고 **끄으아아아!**
철망에 가로막힌 태병조를 들이박는다.
→ 그대로 전진.. 차 밑으로 말려 들어가는 태병조의
단말마 비명음~ 경악하는 표정들!!
→ 운전석의 선모는 다짐하듯 다시 후진 기어를
넣는다.. 부우웅~ 몸통 위로 덜커덩 덜컹!
→ 잠시 멈춰진 풍경.. 처참하게 누운 태병조에게
다가가는 박성배.. 은 실장은 시선을 돌리고.
→ 아직도 운전석에서 두근거리는 선모..
도경이 빠른 걸음으로 와서 끌어내린다.

도경 내려.
선모 형... 봤지? (떨림) 내가 한 거야.. 형.
(싸대기 맞는다)
도경 내려! 내려!
박성배 죽은 거야? (태병조의 손가락이 꿈틀)
아직 살았네 살았어.

→ 뒤쪽에서 선모와 도경의 다툼 소리.
"나도 한다면 해! 개새끼야!"
→ 도경이 선모를 바닥에 내동댕이치고 올라타
때리려는데, **"걔 건들지 마아~"**

박성배 건들지 말라고! (도경을 밀치며) 나가 이 새끼야!
도경 ....
박성배 일루 와. 일어나 봐. 선모 괜찮아?
선모 (아직도 상기된 채) 네에...
박성배 어디 다친 데 없어?

선모 네!!

박성배 야아 난 이런 미친 새끼가 좋아! 우리 선모 진짜 남자네에~

도경 !!!

#38 옥상 (옥상 건물-황 반장 사건 현장) | 늦은 오후

→ 사건 현장에서 수갑 찬 작대기가 다른 형사들에게 억울함을 호소한다.

작대기 진짜는 뭐냐면. 둘이 싸우고 있었고.. 나는 여기 딱 기절해있었어.

→ 도경이 뒤편으로 물러나 선모에게 다가온다.

도경 (작게) 시장님이 내 전화 안 받으시는 이유가 뭐야? 시장님 지시야?

선모 그냥 추측하세요. 민망하게 자꾸 묻고 그래요.

도경 말 이쁘게 하자? 그러다 죽는 수가 있어~

선모 (쓴웃음) 네~

도경 태 사장 쪽 리액션 없어?

선모 (도리질)

도경 경호 인력 늘리고. 긴장 놓지 마라.

선모 형수님은 잘 계세요? 좀 괜찮아지셨나?

도경 !......정신 차려 빙신아~ 니가 뭘 하는지나 알고나 있는 거야?

선모 아 씨발. 빽이 가네 진짜. 뭐 툭하면 애새끼 취급이야, 짜증나게~

도경 (노려보는) 너 아직 꼬마야.

선모 내가 어제 그 시장님이랑 밤새도록 술을 마셨는데요, 그 시장님께서 이 꼬마랑 평생 파트너로 가자고 하시대요.

도경 근데?

선모 그냥 알려드리는 거예요.

도경 (작게) 태 사장 차로 깔아뭉개 보니까 눈에 뵈는 게 없어?

선모 형이 가서 인정 받으라 그래서 내가 가서 열심히 한 건데 그게 뭐가 그렇게 잘못됐어요?

도경 누가 미쳐서 날뛰라 그랬어? 그랬냐구?

선모 형.. (비릿한 미소) 부러우면 지는 거예요~

도경 이 씨빨눔이!

국 형사 야! 한도경~ 니네 뭐하냐. 너희 때문에 지금 현장 검증하고 있잖아! 놀러 왔냐? 다들 좆뺑이 치고 있는데, 양심 조또 없어!

→ 돌아서 가는 선모를 붙잡는 도경, 그 손을 뿌리치는 선모의 날카로운 눈빛.

선모 요새 검찰 수사관 만나고 다닌다는 소문이 있던데. 진짜야?

도경 !!

선모 진짜구만! 야아 이거는 내가 시장님한테 보고를 해야겠다. 형이 직접 할래요?

도경 ......

선모 도경이 형. 부탁인데요. 거 빙신짓 좀 하구 다니지마아~

도경 ....

#39 **비좁은 골목동네 | 오후**

→ 나란히 걷는 도경과 김차인. 독거노인과 외노자들만 모여 사는 골목 안 풍경.

김차인 온 사방에서 박성배 쉴드 치는 인간들 튀어나오지. 은 실장 폰은 퇴근만 하면 먹통이지~ 형이 힌트 준 거 아닌지 하는 생각도 들고..

도경 ...박 시장이 토요일날 태병조 제꼈습니다.

김차인 (멈춘다) 캐릭터 바꿨어요? (무전기로 통화)
듣고 있지?

(차승미) '예'

김차인 태병조 상황 체크해서 보고해!

(차승미) '예, 알겠습니다.'

김차인 박성배는 돈 없으면 큰일나는데..
이제 돈을 어디서 구하실랑가?

도경 어디까지 도와드리면. 제 임무가 완전히 끝나는 겁니까?

김차인 끝이 나야 끝나죠오.

도경 저는 미끼잖아요. 큰 물고기 잡으면 풀어주는 거
아닙니까?

김차인 (능글맞은 미소) 그래서 녹음하시나?

도경 검사님이 시키셨는데.. 항상 녹음하라고.

김차인 (폰을 탁 가로채어) 나 경기지검 특수부 김차인입다.
사건번호 2016형제6359.
한도경이가 핵심 정보만 제공해주면 모든 형사상...

도경 (다시 뺏으며) 서면으로 해주시죠.

김차인 정보의 가치는 따져봐야죠.

도경 ....은 실장이 '민평동'에서 통화한 기록 있죠?

김차인 (무전기로) 자 다들 들었지? 민평동. 통화 위치. 통화
내용..

도경 [NA] 내가 지금 무슨 말을 하는 건지 씨이.

#40 **거리 초입 | 비 오는 밤**

→ 비에 젖는 민평동의 밤. 상인과 외국인 거주자들
오가는 낡은 상가들......

도경 [NA] 씨발 잘못한 건가?

#41 **싼타페 내부 | 비 오는 밤**

→ 조금 떨어진 곳. 싼타페 운전석에 기대앉은 도경.

도경 [NA] 아... 진짜 모르겠다. 아니야. 이게 맞아. 후회하지 말자.

#42 **[flashback] 동강병원 1인실 | 밤**

→ 누워 있는 윤희 옆에서 다리를 주무르는 도경.

윤희 요즘 무슨 고민 있어?
도경 없는데..
윤희 근데 요즘 왜 이렇게 착한 남편처럼 보여.
도경 나 착해.
윤희 연기라도 좋다. 그렇게 나쁜 짓을 많이 하더니.. 큭. 콜록콜록.
도경 (휴지로 입가를 닦아 주는데..)
윤희 내 영정 사진. (휴대폰을 불쑥 내미는) 이걸루 써어.
도경 (병상에서 웃고 찍은 셀카라 짠하다~) 너 안 죽어.. 퇴원하면 푸껫 데리고 갈 거야.
윤희 나 죽으면 울지 마.. 나쁜 남자니까.
도경 정윤희!
윤희 이 침대가... 지옥 같아. 자기 소원대로 수술받다가 죽으려고.
도경 !!!
윤희 나쁜 짓 하지 마. 너 대신 내가 벌 받는 거 알지?

#43 다시 싼타페.

→ 싼타페의 창문을 두드리는 차승미.

도경 은 실장 찾았어?
차승미 오래요!

→ 장대비 속. 도경이 우산을 펴고 내린다.

#44 검찰 탑차 내부
외부 | 비 & 밤

→ 김차인이 창 너머로 상가건물을 유심히 본다.
검찰 탑차에 오르는 차승미와 도경.

차승미 데려왔습니다.
맹진호 아무래도 직접 들어가서 확인해보는 게 좋을 것 같은데요.
김차인 (짐칸으로 넘어오는) 계장님 뭐 좀 나왔어요?

→ 노트북 [C.U.] 사진들 가운데 하나 줌인..
건물로 들어가는 남자가 은충호와 비슷하다.

창학 청색 모자 쓰고 들어가는 이 남자가. 은충호 실장이랑 비슷합니다.
차승미 제가 가 보겠습니다.
창학 옷 그렇게 입고 들어가면 이상하지. 내가 갈게. (맹진호에게) 카메라 붙여..
김차인 계장님도 아니여. 도경 씨가 좋겠다.
도경 (어이없는) 내가 총 맞았어요? 거기 들어가게?
창학 그냥 제가 가겠습니다. 야 붙여!

김차인 미끼라며, 당신이!
도경 (본다)
김차인 가서 고기 물어와.

→ 문을 열리자 김차인이 구둣발로 도경의 궁둥이를 밀어낸다. 안 밀리고픈 도경..

도경 지금 뭐 하자는 거지! 내가 저기 들어가서 간첩질 하고 있는 거 뭐 자폭이라도 하라는 거예요?
김차인 물어 와! 물어 오라고! (계속 민다)

→ 초라하게 떠밀려 빗속으로 나오는 도경..

차승미 은충호 맞으면 바로 연락 줘요.

#45 **검찰 탑차 운전석 안팎 | 밤**

→ 조수석 창가로 다가오는 도경. 김차인이 창문을 살짝 내린다.

도경 저랑 한 약속 꼭 지키셔야 합니다.
김차인 우리 신뢰감 충분히 쌓였잖아여?
도경 행동 하나하나.. 신뢰감 조또 없어서요.
김차인 신뢰감... (카피된 체포영장을 건넨다) 자 카피니까 한 부 가져가요. 당신 체포영장 발부받은 거야!

→ 도경이 체포영장을 구기며 자리를 떠난다.

창학 한도경이 면책해 주실 겁니까?
김차인 한국에 그런 제도 없어요. 계장님이 그런 걸 모르나?
창학 그러니까 써 주시면 안 되죠.
김차인 (스윽 보는) 검사가 알아서 할게요.

#46 **민평동 상가건물 통로 (외국인 거주자들) | 밤**

→ 외국인이 가득한 복도. 박스와 물건을 쌓고 거래하는, 마치 야시장 같다.

→ 다양한 인종-담배 연기-소음-이국 음악이 가득. 우중충한 계단을 내려가는 도경.

#47 **민평동 상가건물 청과물 시장 하적 공간 | 밤**

→ 스타렉스에 과일 상자를 싣는 외국인들. 깐차가 다가오는 도경의 앞을 가로막는다.

도경 아이 비켜어~ (깐차와 실랑이..)

리병천 야이 간나새끼야. 너 뭐하는 새끼야? 여가 니 집 안마당이야?

도경 씨발 진짜. (총과 수갑을 보여준다) 니들 뭐 하는 새끼들이야?

(소리들) "경찰이다! 경찰." "폴리스! 폴리스!"

도경 (깐차 얼굴을 밀며) 뭘 꼬라 봐 이 쉑기야.

리병천 야는 아무것도 모릅니다.

도경 모르긴 뭘 몰라.

깐차 에~ (총을 꺼내며, 외국어) 니가 경찰이라고?

도경 씨발놈이~ 나 경찰이야.. 아이엠 폴리스. 폴-리-쓰.

→ 깐차에게 달려드는 도경을 리병천이 열심히 말린다. 스타렉스 너머에서 고개를 내미는!!

도경 은 실장님!

은충호 깐차. Stop!!

→ 방심하는 순간. 도경이 깐차를 가격한다. 빽! 깐차의

베레타를 빼앗고,

은충호 하지 마세요.
도경 가만있어. 이 씨발놈들아 확 다 죽여버려 씹새끼들. (깐차를 짓밟는다) 너 이 씨박새끼 일루 와.

→ 깐차에게 수갑을 채우려는데..
만류하는 은충호.

은충호 한형! 이 친구 잘 아는 사람입니다. 놔주세요. 예?
도경 이거 장난감 아닙니다! 진짜 총이에요!
은충호 제발 좀. 한형. 제발 부탁드립니다. 제발 좀 놔주세요.

→ 순간 리병천이 깐차를 잡아당긴다.

도경 이 씨발넘들 다 죽여버려!
은충호 이러는 거 시장님이 안 좋아하십니다. 아시잖아요...
도경 ......
은충호 시장님이 알면 큰일 납니다. 진짜.
도경 !!.................... 밖에 검찰애들 있던데~
은충호 뭐라구요?
도경 아는 검찰 수사관을 밖에서 봤어요.
은충호 정말입니까?... (혼잣말) 어떡하지???

→ 이때 깐차가 뒤에서 도경을 기습하고, 외국인들
합세하여 린치한다 **"그만! 그만 좀 하라니까!"**
→ 은충호가 말려보지만. 도경에게서 베레타와
리볼버를 빼앗은 후 분노의 발길질 퍽. 퍽.

도경 이 씨발놈아. 내 총 내놔 씨발놈아.
은충호 그만 좀 하라니까! 그만 좀 해! 스타압!!
리병천 은 선생 은 선생 아들은 먼저 보내지 뭐.

은충호 어어, 그래 안남순환도로 타는 거 알지?
리병천 귀덕아~ 안남순환도로 드렀니?
귀덕 이 새스캐 같은 새끼가!

→ 대화를 엿듣는 도경을 발견한 귀덕,
그대로 사커킥을 얼굴에 강타!

은충호 그만 좀 하고 빨리 가야 돼! 시간 없다고! 어서 가!
귀덕 아라써 아라써.

→ 피를 흘리는 도경, 귀를 감싸고 고통스런 몸부림..
주변 소리가 점점 사라진다.

#48 **검찰 탑차 내부**
민평동 상가건물 초입 | 비&밤

→ 차창 밖. 주차장에서 올라오는 스타렉스, 위험하게
빗길 도로로 급커브 한다.

김차인 저건 뭐야? 따라가야 되나?
맹진호 어.. 은충호가 통화합니다!
(은충호) 건물 뒤로 갈 거야... 그래 그 골목 앞으로 대.
맹진호 (감청장비로 청취) 건물 뒤로 나간대요.. 어떤 남자한테
자기를 데리러 오라는데요.
김차인 다들 나가봐아, 빨리!

#49 **민평동 상가건물 뒤편 | 비 오는 밤**

은충호 도착했어? 응! 어디로? 오른쪽 골목?

→ 도창학과 맹&최가 걸어오는 은충호를 발견!
"저기 은충호다! 거기 서!"

→ 은충호가 골목길을 도망치는데 앞으로 급정거하는 BMW! **"서어!"** **"잡아!"**

→ 차가 출발~ **"스탑~!"** 창학과 수사관들 은충호를 놓친다.

#50 민평동 상가건물 입구 | 밤

→ 얼굴과 귀에서 흐르는 피.. 도경이 계단을 비틀거리며 내려온다.

→ 우산을 든 차승미가 비를 맞고 서 있는 도경을 발견한다.

차승미 한 형사님! 어떻게 된 거예요? 은충호 만났어요?

도경 (들리지 않는) 뭐?! 내 총 어딨어?

차승미 무슨 총이요?

도경 (전혀 안 들린다) 이 미친섹퀴들 어딨어??
이 씨바 새끼들 잡아야 돼!

→ 도경이 자신의 싼타페에 오른다.

→ 차승미가 쫓아와 창을 두들긴다.
"잠깐만요! 어디 가요?"

→ 급출발하는 도경의 산타페!

#51 안남시 도로 | 비 오는 밤

→ 장대비를 뚫고 싼타페가 질주한다. 화가 폭발할 듯한 도경의 표정, **"으아아아아!!!!"**

#52 교차로 인접도로 | 심야의 폭우

→ 교차로를 빠져나가는 스타렉스! 도경은 경광등을 대시보드에 올리고 따라붙는다.

도경 으아! 으아 씨ㅂ!! 다 비켜!!!! (클락션을 울리며 스타렉스를 쫓는) 가아 가! 씨발! 해봐 씻발!

→ 스타렉스 운전석의 귀덕이 힐끔 보고,
바짝 옆으로 붙는 도경.
→ 창문을 내리자 외부 사운드가 우웅~ 우웅~
밀려든다...

도경 야 내 총 내놔, 이 개새끼야!!
깐차 (조수석에서 총을 들어 보이는) 총?
도경 그래 나 폴리스다 이 십새끼야! 너 죽었어~
깐차 (리볼버로 겨누는, 외국어) 이 멍청한 새끼야!

→ 놀라는 도경. 싼타페가 급정거하며 뒤로 처진다.
킥킥 웃는 깐차와 귀덕.
→ 멀어지는 스타렉스를 보면서 도경의 눈에 불꽃이
터지는.. 심호흡 크게!
→ **"해보자는 거지. 씨바 해 봐. 씨발!"** 있는 대로
꾸욱 밟아 액셀을 가속한다.

#53 **안남순환도로 빗길 질주 | 밤-폭우**

→ 싼타페가 풀 스피드로 달려와 스타렉스 꽁무니를
꽝 박는다. 갈지자로 요동치는 스타렉스!
→ 충돌 후에 두 차량 모두 빗길이라 핸들 제어가
어려운 상황..
→ 도경의 싼타페가 다시 엄청난 속도로 스타렉스를
향해 돌진한다!
→ 옆 차선으로 재빨리 피하는 스타렉스. 장대비가
쏟아지는데 나란히 달리는 두 차량!!

도경 야이 개섹휘야~ 차 세워!
귀덕 미쳤어. 이 씨발놈아!
도경 총 내놔! 개 씨발새꺄~
귀덕 조까 이 씨발놈아! 씨발 죽어라!

→ 귀덕이 핸들을 꺾어 싼타페의 측면과 부딪힌다.
도경도 지지 않고 들이박는다. 쾅 쾅

깐차 (외국어) 쏜다 이 씨발놈아!
귀덕 (깐차에게) 하지 마라고! 하지 마 깐차!
도경 차 세워 이 새끼야! 차 세우라고! 너 쏠래?
쏠 거야?

→ 두 차량이 거칠게 부딪치는데, 깐차가 당긴다. 탕!
끼이이익~ 뒤로 밀리는 싼타페.

도경 으아아아!!! 이 새끼 진짜 쏴? 새끼가 진짜로 쏴?
너 오늘 죽어봐 새끼야! 같이! 같이 죽어보는 거야!

→ 도경도 이성을 잃었다. 최대한 밟아 부우우우웅!
스타렉스 옆면과 충돌한다.
→ 그러자 귀덕도 핸들을 꺾어 도로 차단벽으로
강하게 밀어붙인다. 콰콰콰콰콰..

도경 으아아아. 이이이씨이이이!

→ 싼타페 측면이 차단벽에 불꽃을 일으킨다. 도경의
얼굴에 튀는 돌과 유리조각!!
→ 스타렉스에 떠밀려 핸들조차 말을 듣지 않고,
운전석 도어가 부서져 날아간다!
→ 사이드를 바짝 당기는 도경! 급브레이크에
끼이이이익 펑! 타이어가 튕겨 나간다.

#54 **안남순환도로 반대 차선 충돌 | 밤-비**

→ 차단벽이 끝나면서 두 차량이 동시에 빙그르르 돌기 시작한다. 회전력이 멈추질 않고 건너편 차선으로 넘어가는데 달려오는 차량들이 아슬하게 비껴간다. 하지만 정면으로 오던 트럭을 피하지 못하는 스타렉스! **끼이이이익, 꽝, 쾅, 쿠쾅~~~** 싼타페는 운 좋게 튕겨 나간다.

#55 **안남순환도로 추돌 사고 현장 | 계속 비**

→ 싼타페에서 도경이 기어 나오고.. 뒤집힌 스타렉스에 불이 붙었다.

→ 차에서 튕겨 나온 깐차가 바닥을 기고, 도경이 발로 걷어차면서

도경 이 새끼야! 내 총 어딨어?

→ 운전자(귀덕)는 즉사했다. 도경이 주변을 두리번두리번.. 권총을 발견한다.

→ 바닥에 흩어진 과일 상자 사이로 마약 봉지가 가득하다. 하나를 주워 확인하는 도경..

도경 뭐야 씨바.. (깐차 쪽으로 걸어온다) 야! 너 필로폰 배달하는 새끼였어? 너 누가 시켰어. 이 씨발놈아 일루 와!

→ 뒤에서 스타렉스가 **펑!!** 불길과 함께 치솟는 연기를 멍하니 보는 도경..

→ ......사고 현장 뒤편에 줄줄이 멈춘 차량들. BMW에서 선모가 급히 내린다.

→ 조수석에서 은충호는 체념하듯 눈을 감는..
어딘가로 급히 선모가 전화를 건다.
→ 쏟아지는 빗속에서 하얀 연기는 아파트 단지로
뭉게뭉게 날아가고.. [fade out].

(뉴스) 전대미문의 사고로 서판교 주민 2만여 명이 하마터면
필로폰 연기를 흡입할 뻔했습니다.

#56 **미군기지 격납고 | 새벽**

→ 박성배가 핸드폰으로 뉴스를 본다. 안남순환도로로
사고 현장이 흐르는 모바일 화면.

(뉴스) .....안남순환도로에서 승합차가 빗길에 미끄러져 4중
추돌 사고가 발생했고, 더욱 놀라운 것은 전소된
승합차에 실려있던 과일 상자 속에 시가 300억 원이
넘는 양의 필로폰이 있었다고 합니다.

→ 담배 연기를 내뿜는 박성배의 근심 어린...
→ 드럼통에 비밀 서류를 태우는 선모 역시 어두운
표정이다.

#57 **경기지검 조사실 | 낮**

김차인 박성배 집사 노릇만 이십 년 넘게 하셨죠?

→ 유리벽 너머에서 오 검사가 지켜본다. 은충호와
변호인이 김차인과 마주 앉았다.

김차인 그런 양반이 시가 300억이 넘는 마약 거래를
혼자 하셨다!
은충호 ....

김차인 박성배가 시켰죠?

#58 달리는 520 | 밤

→ 공중촬영. 안남시 외곽도로를 달리는 BMW 520.

도경 ...시장님이 많이 화나셨지?
선모 아니. 오히려 차분해지셨어. 형한테 질문 몇 개 하실 거야.
도경 뭔 질문?
선모 그 검찰 수사관 섹퀴 만나긴 만났지?
도경 야 만났으면 말을 했겠지! 이섹퀴가 형 성격 몰라?
선모 됐고.. 그 시장님한테 불리한 얘기는 아예 하지도 마!
도경 그니까 내가 그러겠냐구? ...하이씨 그래, 객관적으로 상황을 보자. 마약 차량 건이 그냥 넘어갈 사건 같애? 너?
선모 아 진짜 자꾸 웃음이 나올라 그러네..
도경 야 니가 몰라서 그러는데, 올 초부터 시장님은 검찰애들 표적수사 대상이야. 이번엔 빠져나갈 구멍도 없어! 그러니까 너도 그냥 최대한 빨리 거기서 나와서 외국으로 나가 있든지..
선모 미친 섹퀴 진짜!
도경 ???
선모 맞아! 형한테 한 얘기.
도경 아나 씨바. 야 문선모. 뭐 양복 입고 외제차 타고 다니니까 인생이 존나 아름답니?
선모 하 씨...

→ 폐쇄된 미군기지 입구로 꺾이고 노인네가 철문을 힘겹게 열어준다.

#59 폐쇄된 미군기지 내부 (계속 차 안 앵글) | 밤

선모 행여라도 시장님 배신 때리지 마~
다른 사람은 몰라도 형이 그러면 그건 진짜 개쓰레기야!

도경 아나 미친 섹끼. 난 니가 이렇게 충성하는 거
이해가 안 돼.

선모 (자르며) 이해하지 마. 형이 이해하는 거 조또 바라지도
않아!

→ 격납고로 들어가는 차.

#60 미군기지 격납고
권총사격장 | 밤

→ 의자에 앉아있는 도경의 불안한 표정.

박성배 검찰애들 만난 지 한 달 됐다며? (의자를 끌어 바짝 앞에
앉는)

도경 !!!!!

박성배 왜 얘기 안 한 거야? 까먹었었어?

도경 (두려움이 엄습) 사실.. 이민섭이 살해 껀으로 조사받고
있었습니다. 참고인으로. 수사관 한 놈한테 시달리긴
했는데.. 시장님 얘긴 아예 꺼내지도 않았습니다.

박성배 .....진짜? 이민섭 얘길 하는데. 내 이름이 안 나왔다고?

도경 예.

박성배 아하~

도경 (선모와 눈 마주치고)

박성배 너한테 뒷빡 맞았다고 생각하니까 마음이 아프더라고.

→ 담뱃불로 도경의 관자놀이를 지지는 박성배!!

박성배 어떻게 어떻게.. 개새퀴가 주인을 물어!!
도경 크... 으~~윽 (얼굴을 감싸고 달아난다)

→ 선모가 다가와 손수건을 주는데..
도경이 탁 손을 쳐낸다.

선모 하아....
박성배 형사반장 죽인 놈 작대기 아니라며?
도경 !!! (선모를 본다)
선모 (시선을 피하며 손수건을 줍는다)
박성배 (다가와) 그 약쟁이 새끼가 증인 이민섭이 뒈진 거! 니 얘기 내 얘기 검찰에서 설레발친다구 쳐.. 그런다고 내가 위험해질까?
도경 (박성배 눈알이 섬뜩하지만, 그래도 끄덕인다)
박성배 노우! (도경을 밀며) 그냥 태풍 한 번 지나가는 거야. 아무리 쎄게 불어도 절대 쓰러뜨리지 못해! 그 시련을 통해서 이 박성배는 더 강해지는 거라고!!
도경 하지만 전 개박살 나겠죠!
박성배 당연하지! 하지만 너 다치게 두지 않아. 왜냐? 넌 내 새끼니까. (도경을 일으키는 손길.. 속마음을 알 수 없는) 형이 잘 수습할 거야.. 나 도와줄 거지?
도경 예... (마지못해 끄덕인다)

#61 **지검 앞 | 밤**

→ 검찰에서 잠시 풀려나는 은충호. 취재진이 따라붙으며 **"이유가 뭡니까?" "한 말씀만 해주십쇼!"**
→ 계단 위. 김차인이 불만에 가득 찬 표정으로 내려다본다.

#62 **마약사범 구치소 통로 | 늦은 오후**

→ 창살 사이로 작대기가 교도관과 담배 거래를 한다.
돈만 받고 뒤로 물러나는 교도관..

→ **"뭐야 씨바! 장난해?"** 재소자 둘이 계단을 오르며
봉지로 손을 감싸고, 뭔가를 꺼낸다!

→ 반대편으로 피하는 작대기를 막아서는 다른
재소자. 흉기로 사정없이 찌른다.

작대기 씨이발!!! (푹-푹-푹-푹) 으악~컥..컥.

#63 **지검 앞 | 밤**

→ 은충호, 기자들 떨쳐내고 승합차에 오른다.
"박성배 시장은 관련 없습니까?" 내려다보는 김차인..

#64 **마약사범 구치소 통로 | 늦은 오후**

→ **악 아악 크 우웩~컥..** 쓰러지는 작대기. 재소자 셋,
피 봉지와 칫솔 송곳을 던지고.. 달아난다.

→ 작대기는 전신에서 피를 쏟아내며 짧은 경련만..
살아나긴 글렀다.

#65 **달리는 승합차 | 밤**

→ 도로 위를 달리는 안남시청 승합차.

은충호 시장님 잘 계시지?
선모 예..

→ 갑자기 열리는 측면 도어! 어리둥절한 은충호?

순간 선모가 힘껏 떠민다!

→ 은충호는 떨어지지 않으려고 안간힘 쓰지만,
그대로 추락한다. **으아아아!**

→ 맞은편에서 달려오던 대형 트럭에 무참히 깔리는!!

→ ......도어가 닫히고, 문선모는 잠시 호흡을
가다듬은 뒤,

선모 야 차 세워.. 은 실장님 떨어지셨다..

#66 **동강병원 MRI 검사실 | 밤**

→ 윤희가 정밀 검사 받는다. 도경의 2G폰이 울린다.
밖으로 나가면서 폰을 들면

#67 **어두운 건물 뒤 | 밤**

→ 선모가 2G폰으로 통화.. 아직 살인의 흥분이 채
가시지 않은..

선모 어! 형 나야..

#68 **MRI 검사실 앞 | 밤**

→ 도경이 심각한 표정으로 폰에 귀 기울인다.

(선모) 일 다 해결 됐거든? 당분간 전화하지 마요!

#69 **어두운 건물 뒤 | 밤**

→ 2G폰을 닫는 선모.

#70 **동강병원 복도 | 저녁(늦은 오후?)**

→ 담당 의사와 이야기 중.

→ 도경의 시선은 복도에 걸린 TV의 뉴스 화면으로

「마약사건 용의자 은 모씨 자살」

의사 그래서 드리는 말씀인데.. 예. 의사로서도 마지막으로 수술 한 번 해보고는 싶습니다.

도경 대신 인턴들 또 연습하면 안 돼요.

#71 **안남시청 기자회견장 | 오후**

→ 기자회견장에 입장하는 안남시장 박성배의 벌게진 얼굴. 터지는 사진 플래시 세례.

→ 시청 간부들과 함께 기자들 쪽으로 허리 숙여 조아린다.

#72 **동강병원 복도 | 저녁**

의사 이거 보호자 분이 원해서 하는 수술인 거잖아요. 저는 가능성 없다고 몇 번이나..

도경 그러니까 최선을 다해달라구 씨발! 돈 낸다잖아~

#73 **안남시청 기자회견장 | 오후**

박성배 저는 그 어떤 비난도 피해 가지 않겠습니다. 회초리를 주시면 참고 온몸으로 받아내겠습니다.

#74 **다시 병원 복도 | 저녁**

도경 그니까 살려만 주세요. 살려만!

#75 안남시청 기자회견장 | 오후

박성배 오늘 이 자리에서. 여러분을 떳떳하게 만날 수 있다는 것 하나만으로도 제 마음은 벅차오르고! (울음이 솟구치는)

→ 기자들 틈에서 지켜보는 선모. 손수건으로 눈물을 닦는 박성배. 카메라 일제히 터진다.

#76 검찰 아지트 | 밤

(박성배) 좆 까고 마이신이라 그래! 이 씨바 새끼들.

→ 도경이 가져온 녹음 파일을 조용히 듣는 김차인과 수사관들..

(박성배) 기사 난 대로 다 파헤치면 대한민국 망해도 열 번은 더 망했어!!

→ 김차인의 불만스런 표정을 살피는 도경..
도창학이 옆에서 **"앉아."**
→ 의자 하나 덩그마니 놓여 있고..
삐딱하게 서 있는 도경을 에워싼 검찰팀.

도경 서 있을게요.
창학 앉으라고오.
도경 (종이 꺼내어) 면책 요청서 준 거 말인데요. 거 알아보니까, 아무 쓸모없는 종이쪼가리래요!
김차인 (서류를 구긴다) 나도 도경 씨가 박성배 만나서 녹음했다는 내용 다 들어봤는데.. 편집질을 해놔서 결정적인 내용이 하나도 없어! 왜 늘 이러시지?
도경 아니 그니까 제가 백 프로 안전하다라는 확신을

주셔야죠! 그래야 제대로 녹음을 하든 뭐든 할 거
아닙니까? 아니 같이 죽는 거 뻔히 아는데
뭐 미쳤다구 목숨을 걸겠어여?

김차인 가져와.

도경 또 뭐야 씨발!

창학 (태블릿 화면을 도경에게 보여준다)
겁나 재밌는 거..

→ 도경 얼굴이 굳어진다! [영상 C.U.] 보안카메라가
멀리서 옥상 건물을 포착한. 도경이 황 반장을
추락시키는 모습!!
모골이 송연해지는 도경!!

김차인 내가요. 도경 씨 생명의 은인이라는 거 그거 아셔?

도경 !!!!!

창학 (툭 치며) 앉어.

도경 .... (이번엔 순순히 앉는다)

→ 수사관들 달려들어 수갑 채운다.
양복 상의를 벗는 창학.

김차인 나는 도경 씨한테 진심으로 대하면 알아줄 줄 알았어여!
하 에라 꽁꽁! 내 미스테이크예요. 미안해요. 너무
휴머니즘적으로 갔다 내가.
절대 이런 일 없어! 앞으로!

도경 씨바... 당신들 박성배 무서워서 잡지도 못하잖아!

→ 수사관들이 도경 머리에 담요를 뒤집어씌운다.
버둥거리는 담요.

도경 이거 뭐야 씨발? 안 치워! 야! 부장검사가 매수된 거
다 알잖아! 너도 나처럼 쫄다구면서 씨바 왜 나만 갖구

그래? 이거 안 치워!!

→ 아무런 대꾸도 없자 담요를 뒤집어쓴 도경이 겁을 먹고 꿈틀꿈틀.

김차인 하세요~
(도경) 뭘 해~ 하지 마 씨발. 하지 마..

→ 창학이 주먹을 내지른다. 퍽! **윽!** 도경이 움찔.. 연속으로 내리 꽂히는 창학의 주먹!

창학 가만있어. 꽉 잡아! 잡아!

→ **퍽 퍽 퍽 윽 뻑 억..** 광기에 사로잡힌 창학의 폭력..

김차인 자 그만. 그만.

→ 김차인이 담요를 들어 올리면, 코피로 범벅이 된 도경의 얼굴이 드러난다.

김차인 내가 제일루 싫어하는 게 뭔지 알아?
도경 컥. 컥. 몰라 이 씨발. 니네. 엄마한테 가서.. 물어봐아..
김차인 (담요를 다시 내린다) 계장님 손목 조심하셔야겠다.
창학 (심호흡 크게) 꽉 잡아!

→ 무지막지한 주먹을 퍼붓는다. **퍽. 퍽. 크악! 컥!** 담요 위로 흥건한 피가 짙게 배어 나온다.
→ 침침한 내부에 울려 퍼지는 둔탁한 타격음과 비명음.. 창학이 숨을 몰아쉬며 멈추고..
→ 의자와 같이 쓰러지는 담요.. 차승미가 얼른 도경의 담요를 벗긴다.

차승미 수갑 풀어. 닦을 거 줘. 거깄잖아 거기!

→ 담요를 벗기자. **콜럭콜럭..** 피범벅이 된 도경이 온몸을 부르르 떤다.

→ 차승미가 코와 입, 귀에서 흐르는 피를 닦아준다.

도경 큭... 내버려 둬. 나 좀 내버려 둬 씨이바.. 니들끼리 싸워 이씨.... 콜럭콜럭

김차인 뭐해? 일으켜 앉혀~

→ 도경을 부축해 앉히는 맹진호와 최 수사관.

김차인 (창학에게 손수건을 건넨다) 계장님!

창학 ....(무시하고 창가에 걸린 수건을 집어 든다)

차승미 잡고 있어. 고개 좀 들어봐요. 줘 봐.

김차인 아이고~ 이게 박성배가 잡히지 않으면 영원히 끝이 안 나요~ 계속 이렇게 지옥에서 살 거야?

도경 으흑. 검사니임.. 저.. 그만하면.. 안 돼여?

김차인 아아... 박성배가 은충호. 태병조. 이민섭이 살인교사 한 증거를 가지고 오라니까!

도경 (매달리며) 아 진짜.. 저 진짜 죽어도.. 못하게써여. 네? 저 진짜요..

창학 다 죽어가는 마누라가 앰뷸런스 타고 교도소 면회 오면 차암 볼만하것다~!

도경 (울먹임 섞인) 아픈 사람 함부로 얘기하지 마아 이 씨이발노마~~

김차인 한도경이! 좀 가만있어. 아이 참.. 여기 물티슈 좀 줘. 의자 여기 갖고 와. (의자에 앉아 손수 코피를 닦아주는) 아이고오.. (창학을 보고는 나무라듯) 아유 진짜 이게 뭐예요~?

창학 !....... (뭐 저런 인간이 있나 하는 표정)

김차인 아이 차아... (마치 도경을 동정하듯)

도경 .... (무섭다 이 인간!)

김차인 많이 괴롭고... 아프죠?

도경 ...예에.. (끄덕인다)

김차인 그러니까~ 내가 살 수 있는 마지막 기회를 준다고!

#77 **동강병원 수술실 탈의 공간 | 시간 모름**

→ 보호복을 느릿느릿 입는 도경. 펼쳐진 마스크에 코피가 뚝 뚝 떨어진다.

도경 [NA] 형사의 직감 같은 건데요. 흐... 여기서 내가 아무리 발버둥쳐도 영원히 빠져나오지 못할 거 같습니다.

#78 **수술실 복도 | 시간 모름**

→ 도경(보호복)이 수술 대기 중인 이동 침대의 윤희(생명유지장치와 삽입관 연결)를 내려다본다.

도경 [NA] 못 해준 게 너무 많아요. 이 사람한테 미안해 윤희야.. 정말 미안해.

#79 **안남 장례식장 앞 | 밤**

→ 택시에서 도경이 내린다. 입구로 들어가는 뒷모습.

#80 **장례식장 은충호 빈소 입구 | 밤**

→ 은충호의 영정 앞에서 박성배가 절을 하다가 울음을 터뜨린다.

→ 미망인이 오열하며 주저앉자 그녀를 와락 끌어안고 눈물 쥐어짜는.. 박성배의 통곡!

박성배 죄송합니다. 으으으으.... (미망인의 손을 꼬옥 감싸 쥐고)

미망인 은충호 씨 불쌍해서 어떡해요..

박성배 죄송합니다... 죄송합니다...

#81 **장례식장 중앙 복도 | 밤**

→ 무표정한 얼굴로 걸어오는 도경. 선모가 앞을 막아선다.

선모 형이 문상 올 줄은 몰랐어.

도경 절만 하자.

선모 형 마음은 알겠는데, 조용히 돌아가는 게 좋아.

도경 니가 내 마음을 어떻게 아는데?

박성배 (멀리서) 뭘 그렇게 속닥거려요??
이왕 왔으면, 제삿밥이라도 먹고 가야지~

→ 문선모, 도경의 허리춤에서 리볼버를 빼앗고.
입장시킨다.

#82 **장례식장 외부 주차 공간 | 밤**

→ 후미진 주차장에 검찰 탑차가 후진 주차 한다.

#83 **은충호 빈소 식당 | 밤**

→ 따끈하게 데워진 육개장을 먹는 박성배.
그 앞에 도경 혼자 앉았다.

→ 후경으로 선모와 수행원이 얼굴 도장 찍으려고
모여드는 조문객을 옆 테이블로 안내한다.

박성배 이 육개장 말야. 수원 광교 쪽 한 군데서 경기도 전체에
납품하는데, 이 맛이 아주 별미야! 내가 이거 먹을라구

문상하러 다닌다고 하면 믿겠니? 다 이거 한술 뜨자고 사람이 사는 거야..

도경 ...... (소주와 맥주로 폭탄주를 만든다)

박성배 선모 씨. 서 있지 말고 앉아. 너도 한술 떠.

선모 예.. (도경 옆으로 앉는)

박성배 윤희. 수술 길어진다며?

도경 (끄덕이고, 단숨에 마시고)

박성배 병원장한테 수술 잘하는 의사 중에. 서울대 나온 놈으로 붙이라구 그랬다.

도경 예. 고맙습니다. (또 쏘맥을 따르고)

박성배 세상엔 두 가지 병이 있어. 하나는 걸렸는데 죽지 않는 병이고. 두 번째는 그냥 죽을 수밖에 없는 병이야.. 먼 말인지 알지?

도경 (그야말로 무표정)

박성배 가망이 없다니까. 남편으로서 도리를 다했다 뭐 그렇게 생각해!

도경 방금 말투는 좀 거실리네요. 말에 진심이 없어서. (벌컥 마신다)

박성배 이 섹퀴는 문상하러 온 거야? 술 처먹으러 온 거야?

도경 조또 생색 좀 그만 내라고요. 뭐 어차피 시장님 이미지 때문에 그런 거지만, 이복 여동생 도운 거잖아요!

박성배 ......

도경 윤희 아직 살아 있어요! 그것 때문에 내가 씨발 온갖 드러운 짓은 다 한 거 아냐? 그걸로 퉁친 거 아냐?!

선모 !! (이 형이 선을 넘는구나 하는)

도경 그래서 이민섭이 납치 건으로 나만 죽게 생겼어!!

박성배 그 아가리 닥쳐라.

→ 도경이 유리컵을 이빨로 으드득!
박성배를 빤히 보면서 아드득 아드득 씹는다.

선모 형..!

박성배 !!!

→ 도경이 퉤! 음식이 깔린 모조지에
유리 조각과 핏물을 뱉어낸다.

박성배 아이~ 밥맛 떨어지게 시리.

도경 난 언제 죽나요?

박성배 !... 너 이 새끼 오늘 왜 이렇게 웃기냐?

도경 (유리 조각과 피를 마저 뱉고) 죽는지 사는지만
얘기해 주세요.

박성배 사람은 다 뒤져. 때가 되면.

도경 그 은 실장님도 자기가 죽는 거 알았어요?

박성배 & 선모 !!!

→ 그때 도경의 귀로 들리는 창학의 음성!!

(창학) "아이고씨 그르케 도발하지 말라니까."

#84 **외부 주차장**
탑차 내부 | 밤

→ 후미진 곳에 세워둔 탑차.. 내부에서 도경의 대화를
감청하는 김차인 일행.

창학 야 이 미친. 개 씨발 썅 확!

김차인 내가 보기엔 한도경이 잘하네.
태병조 껀도 물어보라 그래.

→ 노트북 [C.U.] 도경 앞에 앉은 박성배의 몰카
영상이 실시간으로 전송된다.

창학 전 좀 불안한데요. 저 새끼 말하는 게..
김차인 믿고 갑시다.

#85 은충호 빈소 식당 | 밤

(창학) "야 한도경이. 검사님은 널 믿는다는데, 난 널 못 믿겠거든. 그러니까 씨발 좀 잘 좀 하자."
도경 아이 씨발, 진짜 시끄러워서! 거 내가 알아서 물어볼 테니까 자꾸 간섭하지 말라구!!
선모 ?...!
박성배 너 방금 누구랑 얘기한 거니?

→ 인써트 | 탑차 내부
→ 긴장하는 김차인과 도창학.

도경 ......김차인 검사님이요.
박성배 !!!

→ 인써트 | 탑차 내부
→ 놀라는 김차인의 표정.
→ 박성배 눈짓에 선모가 벌떡 일어난다.
수행원을 불러 모으고.

#86 탑차 내부 | 밤

창학 우리가 제대로 당했습니다.
김차인 !!...... (당혹감, 어이없음)
창학 중단하시죠? (마이크에) 야. 한도경이!

#87 은충호 빈소 식당 | 밤

→ 조문객을 급히 밖으로 내보내는 선모와 수행원.
"죄송합니다~ 모두 일어나서 나가주세요."
→ 도경의 귓속에 감춘 초소형 리시버로 들려오는..

(창학) "너 이 씨발년아 당장 튀어나오라고 썅! "

→ 선모가 수행원들과 밖으로 나간다.

#88 탑차 내부 | 밤

창학 씨발년아 나오라고!
김차인 잠깐만.

→ **인써트 | 은충호 빈소**
→ 구석 테이블엔 박성배와 도경 둘만 덩그마니 남았다.

김차인 박성배한테 얘기해줄 거면 조용히 얘기해 줬어야지. 왜 우리 들으라고 저 지랄을 해?...!

→ **인써트 | 은충호 빈소**
→ 몰카와 도청 장치를 꺼내는 도경, 상 위에 탁 올려놓는다.
→ ..노트북 화면에서 움직이는 몰카 앵글.. 팔짱을 끼고 카메라를 응시하는 박성배!
→ 곤경에 빠진 김차인 표정 위로 도경의 음성이 들려온다.

(도경) "지금부터 제 귀에 들리는 대로 전달하겠습니다.. "

#89 은충호 빈소 식당 | 밤

도경 (리시버 듣는 척) '경기지검 김차인입니다. 우리가 설치한 도청-감청-정보원을 통해 은충호와 작대기..

→ **인써트 | 탑차 내부**
→ 귀 기울여 듣는 김차인과 창학..
"김종민 살인교사. 합성마약.."

도경 대량 운반에 대한 핵심 증거를. 완벽하게 수집했습니다.
박성배 검사란 놈이 천하의 개잡놈의 새끼구만!!
도경 ....
박성배 불법으로 수집한 증거는 법원에서 아무런 효력이 없다는 거 모른대?

→ **인써트 | 탑차 내부**
→ 김차인과 창학. 도경에게 제대로 엮인 걸 깨닫는..

도경 일단. 조중동에 녹음 파일만 풀 겁니다.
그래도 안 되면, 한겨레 오마이 동원해 인터넷에 쫙 깔아서 시장님 좆 끝이 지글지글 타들어 가게 만들 겁니다.
(김차인) ....
박성배 나 하나 잡자고 다 같이 죽겠다?
젊은 검사라 다구빨 좋네.
도경 ..지금 밖에 와 계십니다.

#90 탑차 내부 | 밤

김차인 (헤드폰 벗어던지는) 골 때리네 이거~

창학 철수해!

#91 장례식장 외부 주차장 | 밤

→ 탑차가 빠져나오는데 쿵! 범퍼를 들이박는 승용차.

→ 선모와 수행원들이 뛰쳐나와 탑차를 막아선다.

선모 야 밖으로 나와!

진석 좋게 말할 때 나와라.

#92 탑차 내부 | 밤

→ 당황한 검찰팀. 최 수사관이 뒤로 넘어오고 모두 숨죽이는 상황.

→ 선모가 탑차 측면 도어 창으로 다가온다.

창학 앉아! 아무 소리도 내지 말고 가만히 있어.

일동 (몸을 낮추고)

(선모) 이 안에 전부 튀어내려!

(진석) 니들 그 안에 있는 거 다 알아~

→ 차벽을 쿵쿵쿵 두들겨도.. 침묵 대응하는 검찰팀.

차승미 지검에 지원 요청할까요?

김차인 (짜증) 정신 사납게 하지 말라니까!

#93 **외부 주차장 | 밤**

선모 야 다 찍어! 지금부터 모든 정황을 전부 증거로 남기는 거야.

→ 폰으로 촬영하는 진석!
"전~부 다 찍겠습니다!"
→ 다른 수행원이 타이어를 펑크 낸다.

#94 **탑차 내부 | 밤**

→ 차체가 한쪽으로 기우뚱 기울고.. 권총 보관함을 열고 리볼버를 꺼내어 나눠준다.

창학 검사님 절대 나오시면 안 됩니다. 차승미 여기 있어.

#95 **외부 주차장 | 밤**

→ 창학과 수사관들이 함께 내린다. 주변을 에워싼 수행원들과 맞서며

창학 뭐야 새끼야! 야 이거 잡아!

→ **인써트 | 탑차 내부**
→ 벽을 치며 화를 내는 김차인, **"으이그 이씨!!"**

맹진호 찍지 마! 찍지 마!
창학 야 인나, 이 썅년 이게!
선모 야! 여기서 단 한 명도 내보내면 안 돼!
창학 (검찰 신분증 보이며) 우리 경기지검 검찰 수사관이야.

선모 (전화에 대고) 신고 내용은요! 안남시장님을 불법 감청하는 차량을 잡아뒀습니다. 장례식장 주차장으로 신속히 출동해주세요.

창학 야! 문선모! (총을 보여주며 위협하는) 자꾸 까불지 마. 이러다 수갑 찬다.

선모 (폰에 크게) 무기도 소지하구 있구여. 지들이 공무원이라는데, 여러 명이라서 상당히 긴박합니다.

창학 아 나아 씨이..

선모 5분 내로 와 주세요! (끊는다)

#96 **달리는 승합차 | 밤길**

→ 리병천(조수석)이 폰을 내리며 갸우뚱한다.

리병천 아이 개보대 같은 새끼 뭐래니?? (운전석으로) 5분 내로 갈 수 있어?

득룡 가봐야지.

#97 **빈소 안 다른 복도 | 밤**

박성배 (도청기를 입에 대고) 국민이 뽑아준 민선시장을 멋대로 도청하고 몰카 찍고. 그르구두 온전할 줄 알았어여? 내가 백 프로 장담하는데 김차인 검사..

#98 **탑차 내부 | 밤**

→ 노트북 화면 속의 박성배를 응시하는 김차인과 차승미.

(박성배) "당신 이번 일로 옷 벗게 될 거야.."

#99 빈소 안 다른 복도 | 밤

박성배 야. 뭐라고 대꾸 없어?

도경 (도청기 건네받아서) 검사님. 말씀 좀 하시래요.

(김차인) "한도경이 너 지금 뭐 하자는 거야?"

→ 인써트 | 탑차 내부

김차인 정말 자폭하는 거야?

도경 (박성배 앞으로) 남자답게. 직접 만나시고 싶답니다.

박성배 하...

#100 검찰 탑차 내부 | 밤

→ 난감한 김차인. 머리를 굴리고 또 굴리는

김차인 나보고 들어오라는 거지? 지금.. 안 도는 머리 쓰느라 고생이 많다. 돌겠네 증말..

차승미 (장비 가방을 뒤지고, 뭔가를 꺼낸다) 제가 갑자기 떠오른 건데요..

#101 어느 빈소 앞 | 밤

→ 박성배가 도경이 다가오면, 선모가 대기하고 있다.

선모 와 있습니다.

→ 박성배가 먼저 들어가고. 도경은 도창학과 수사관들을 힐끔 보며 따라 들어간다.

#102　텅 빈 빈소 내부 | 밤

→ 마침내 한 공간에 모인 다섯 명.. 서로 응시하는 눈빛들.

박성배 아이고 처음 뵙겠습니다. 하하하. 아! 여기 육개장 드셨어?

김차인 (덤덤하게 쳐다보는)

박성배 에이~ 그럼 우리 은 실장한테 절도 안 하셨겠네?

김차인 하여간 우리 시장님. 뻔뻔한 거로는 우주 최강이셔 아주..

창학 (도경 쪽으로) 너라는 썅년은 내가 무조건 밟아 죽일 거야!

도경 ...피 터지게 싸우면 뭐합니까? 이제부터 두 분이 대화를 잘 나눠 보시죠.

김차인 (도경을 노려보는)

박성배 아우 저 눈빛들 좀 봐~ 세상엔 두 가지 인간이 있어요. 하나는 말이 통하는 섹퀴. 또 하나는 아무리 얘길 해도 말귀를 못 알아 처먹는 돌대가리 섹퀴! 우리 검사님께선 어떤 섹퀴실라나~?

김차인 하~ 우리 시장님 또 서론 길게 까시면서 구라 치는 그런 새끼는 아니셨음 좋겠다~ 나는!

→ 박성배가 피식~ 제단에 도청장치를 탁 꺼내놓더니

박성배 저 이런 걸로 쪼잔하게 나랏일 하는 양반. 괴롭히고 싶지가 않아요. 않아!

→ 촛대를 쥐고 쿵쿵 도청기를 박살 내서 향로에 쏟아 버린다.

김차인 !!......

박성배 다들 바쁜 양반들일 텐데 톡 까고 (스마트폰을 향로에 툭) 얘기해야 되지 않겠어요?

도경 ! (솔선수범. 휴대폰을 향로에 내려놓는다)

→ 김차인 잠시 고민 때리는............
폰과 무전기를 꺼내는데,

창학 검사님! 이거 엮이시면 안 됩니다.

김차인 뭘 엮여요. 그냥 얘기만 하는 건데. 괜찮아요. (향로에 던져놓고) 계장님은 나가 계세요.

박성배 굿. (엄지 척!)

→ 창학이 마지못해 나간다. 향로를 들고
뒤따라나가는 문선모.

#103 빈소6 (제단) | 밤

→ 도경, 두 인간의 대면을 주의 깊게 바라본다.

박성배 얼마면 됩니까? 우리 김차인 검사님 아예 사 버리고 싶은데..

김차인 같은 공무원끼리 뭐 월급 뻔히 나와 있는 걸. 전 얼마 안 해요. 저는 우리 시장님이 살인 교사하셨다는 증언! 그것만 알면 됩니다.

박성배 진짜?! 아니 그게 돈보다 더 중요해요??

김차인 (빤히 보는)

박성배 에이이 세상에 돈 싫어하는 새끼 있음 나와보라 그래여~ 허허 저도 그동안 뒷조사 많이 했써여. 당신 사수 부장검사 오철순이!

김차인 !!

도경 ......

박성배 뭐 안 받아 처먹은 데가 없드만! 이 박성밴 그냥 안 죽어 씨이~ 갈 때 가더라도 줄줄이 싹 다 엮어서 같이 갈라구우!

김차인 엄청난 얘길 아주 술술 하시네. 듣던 대로 어마무지하십니다, 우리 시장님!

박성배 인생 조또 짧은데. 솔직하게 살아야지~ 흐흐흐.

김차인 솔직하게 그래 얼마에 사실라고 그러셨어요, 나를? 액수는 궁금하네?

박성배 앞에는 5짜. 뒤에는 똥그라미가.. (속삭임.. 딱! 손가락 튕긴다)

김차인 아이구 참~

도경 진작에 만나게 해 드리는 건데. 두 분이 잘 맞을 줄 알았습니다.

김차인 아이구 이 박쥐 같은 새끼. 아까부터 참 거슬리네.

도경 몸값 이빠이 받고 나면 아마 저한테 감사하실 걸요?

박성배 (씨익) 너두 소개비 챙겨줘야지~

도경 아뇨. 시장님 저는 진짜 괜찮습니다. 시장님께서 꼬옥 검사님을 설득해 주십시오. 저요~! 저 진짜 저 힘들어서 더 이상 왔다리갔다리 못하겠습니다.

성배&차인 !!

도경 두 분 말씀 잘 나누십시오. (나간다)

박성배 아이고아이고 저 불쌍한 새끼.

#104 **중앙 복도 | 밤**

→ 복도로 나오는 도경. 빈소 앞 식당에 대기 중인 창학 일행이 보이고. 은충호 빈소 앞에서

→ 수행원과 조문객의 실랑이 소리가 들린다.
"들어들 가시라니까요!" "뭐 때문에 그러는데요?"

→ 빈소들 입구를 봉쇄하는 선모의 행동이 수상하다.. 어디론가 사라지는 선모??

→ 그때 도경은 좁은 통로 끝으로 리병천 일당이

나타난 걸 발견한다.

리병천 야 빠빠 와~

#105 **좁은 통로 | 밤**

→ 걸어오는 도경을 팔로우.. 그들 중에 낯익은 얼굴, 깐차와 마주친다!!

깐차 !!!
도경 너 이 새끼!
득룡 (흥분한 깐차를 끌고 당기는) 야야 하지 마라~

→ 쫓아가는 도경. 불쑥 나타난 선모가 앞을 가로막는다.

선모 형! 사고 치면 안 돼요~
도경 너 왜 재들은 부른 거야?
선모 안 그래도 형이랑 할 얘기 있었어. 잠깐이면 돼, 잠깐!

#106 **텅 빈 빈소 | 밤**

박성배 제가 진심을 다해서 말씀을 드리는 거니까 허투루 들으시면 안 돼요. (의자를 권하면서) 검사님 앉으세요.
김차인 (무시. 제단에 걸터앉는다)
박성배 검사님 오철순 부장검사 없으면 뭐어 별 볼 일 없으시잖아요.
김차인 !!
박성배 근데 내가 마음만 먹으면 우리 검사님, 부장검사. 차장검사 만들어드린대니까~ 남자로 태어나서 총장님 소리 한 번 들어봐야 되지 않겠어요?!

김차인 말을 너무 막 던지신다. 날 글케 꼬시기 쉬운 놈으로 보셨나?

박성배 에이 우리 검사님 저 죽이려고 오셨는데, (살갑게 애원하듯) 제가 살기 위해서 뭔 짓을 못하겠습니까? 큰맘 먹고 이 박성배 한 번 살려주겠다고 할 때까지.
제가 싸빠지게 약을 한 번 달여 드려야죠~

김차인 눈빛이.. 하아 (얼굴을 들이밀고, 박성배 안경을 쑥 내린다) 절대 믿으면 안 되는 그런 눈을 가지셨다,
우리 시장님!

박성배 진심을 안 받네 안 받아.. (뒤로 젖히면서)
많이 아쉽따! 하하하.

#107 **안치소 연결통로 (지하로 내려간 층) | 밤**

도경 (붙잡고) 김차인을 설득할 맘이 애초부터 없었다고?!

선모 (뿌리치고 걸어간다)

도경 야 니들 상황 판단이 그렇게 안 돼? 괜히 쓸데없는 짓 했다간 다 죽어~ 쟤들 검찰이야. 이길 수가 없다구!

선모 형. 시장님은 다 이겨. (안치소로 들어간다)

도경 응 그러겠지. 항상 자기 대신 희생양을 만드니까.
이번엔 또 누군데?

#108 **안치소 내부 | 밤**

도경 ..니가 죽였잖아? 은 실장!

→ 침침한 조명 아래 선모 뒷모습. 묵묵히 담뱃갑을 꺼내는데 비어있다.

도경 (다그치듯) 니가 했냐구?! 이 새끼야!

선모 아효 씨발 조까츠름 진짜.. 그래, 그랬다 왜애? 내가 왜 이 드러운 시츄에이션까지 왔는지 알어? 형 때문이야.

(가슴팍 밀치며) 니가 꼬드겨서 씨바~

도경 이 새끼..

선모 이제 털고 갈래야 갈 곳도 없다 나는!

도경 야 선모야. 이 인간 밑에 있어 봐야 우린 평생 이용만 당해. 너 지금 내 꼬라지 안 보여?
(가짜 여권과 항공권을 던진다) 이렇게 필리핀 가서 개죽음이나 당하라고? 우리 같이 그냥 당장 여기서 벗어나자!

선모 (말없이 보는)

도경 선모야! 응? 싸움은 쟤들끼리 하게 냅둬!
김차인이 노리는 건 우리가 아냐 이 새끼야~

선모 (자르며) 맨날 아는 척은 조또 하나도 모르면서!!

도경 ??.....

선모 시장님이 나한테 뭐라 그랬는지 알아? 도경이는 배신자다. 잘 정리해라. (리볼버를 꺼내 장전 확인) 아주 정확히 보셨어.

도경 ...너한테 직접 처리하래?

선모 나한테 질문하지 마. (총을 겨눈다)

도경 진짜 쏠 수 있어? 니가?

선모 그럼!

도경 그럼 쏴봐, 이 새꺄! (나간다)

선모 (뒤쫓으며) 야!

#109 안치소 연결통로 | 밤

선모 거기 안 서! 움직이지 말라고~
(총구로 찌르며 멈춰 세운다)

도경 니가 형을 쏜다고? (돌아서) 야 문선모..
너 이 새끼 나 못 쏴아.

선모 이 형 진짜 순진하네. 내가 못 쏠 것 같애?
함 쏴보까?

→ 천천히 뒷걸음질하는 도경, 선모가 진짜 쏠 것처럼 방아쇠를 당기려는.

도경 쏴봐. 이 새끼야. 쏴!

→ 덜컹덜컹. 이동 카트를 미는 염습실 직원이 멀뚱멀뚱 쳐다본다.

→ 선모가 방심하는 순간 도경이 기습한다. 떨어지는 총! 서로 주우려고 몸싸움하는.

→ 격렬하게 치고받는 난타전! 총을 걷어차고.. 서로 붙잡고 엉키는.. 개싸움!!!

→ 도경의 머리를 부딪치자 선모가 재빨리 총을 주우러 간다.

→ 다시 몸싸움.. 선모의 양다리에 목이 감긴 도경, 넥타이를 잡아 힘껏 당기는 선모.

→ 도경은 곤두선 핏줄이 터질 지경.. 선모가 최대한 허벅지를 쪼이고. **"이 씨이."**

→ 실신한 도경. 선모가 다리를 풀자 바닥에 얼굴부터 떨어진다.

→ 리볼버를 주워 오는 선모, 바닥에서 널브러진 도경을 향해 총구를 겨눈다.

도경 (숨이 돌아오고) 헉헉.. 쏴 이 빙신색퀴야 쏴..
선모 어. 쏠 거야!
도경 당겨. 이 새끼야 당겨. (총구를 잡고) 쏴아 새끼야, 쏴!
선모 놔! 이 씹새캬!
도경 어후~ 씨발 이 개. 어우. 씨이 야이 시팔.. 형이 미안하다, 이 새끼야!
선모 너.. 나한테 미안하냐?
도경 그래 미안하다 씹발..
선모 아오~ 이거 미친 섹낄세 이거. 아오 씨이

(진짜 당기고픈 심정) 아오.. (결국 주저앉으며) 이게 다 씨발 형 때문이야. 알아?

도경 ....

선모 하.. (주체할 수 없는 감정) 이거 어떡하지??

도경 .... (다가와 손을 잡아주며)
문선모! 너 박성배 그 개새끼 절대 믿으면 안 돼!

선모 !!.....................

→ 짧은 정적. 표정이 변하는 선모, 총을 잡은 도경의 손을 보고.. 순간 총을 잡아당기지만,

→ 뒤엉키는 네 개의 손... **"놔아~"** 서로 총을 빼앗기지 않으려고. **"야 문선모!"**

→ 방아쇠가 당겨지면서 **탕~**

#110 **텅 빈 빈소**
빈소 앞 식당 | 밤

→ 총성에 화들짝 놀라는 김차인, 박성배.

→ 벌떡 일어나는 도창학과 수사관들.

#111 **안치소 통로 | 밤**

→ 총탄에 선모의 손가락이 날아갔다..
목에 총알구멍이 보이고, 피가 솟구친다.

→ 자신이 쏘고도 당황하는 도경!! 기우뚱 넘어가는 선모, 순식간에 바닥을 적시는 피..

#112 **텅 빈 빈소 | 밤**

김차인 오케이. 여기까지! (소매에 감춘 도청기 꺼내며) 자 이건, 대한민국 법원에서 합법적으로 허락받고 녹음한 겁니다.

박성배 (빼앗으려 하자)

김차인 (움켜쥐며) 박 시장님한테 조만간 소환장 날아갈 거예요.

→ 빈소 밖에서 소란스런.. **"비키라고 썅!"**
"들어가시면 안 된다니까요!"

김차인 ??!!
박성배 또 꼬불치셨어? 하여간에 어떻게 된 게 이 나라는 씨바 법을 아는 새끼들이 더 지랄이라니까~!
김차인 (밖에서 들으라고) 자아 갑씨다아!

#113 중앙 복도 | 밤

→ 김차인 나오면.. 빈소 앞에서 몸싸움하는 검찰팀과 수행원들.

김차인 뭐야?
창학 나오십쇼, 이런 씨발섹뀌들이!
김차인 가. 빨리.
창학 검사님..!

→ 복도 끝에 도끼를 거머쥔 리병천! 뒤돌아서면 반대편 통로를 막아서는 사내들!
→ 당황하는 김차인 일행.. 외국인들(마스크 착용)이 신문지에 감췄던 흉기를 꺼내 들고서..

창학 야 모여..

→ 김차인을 감싸며 원을 그리는 수사관들. 사방에서 좁혀 드는 리병천 일당..
→ 충돌 직전의 긴장감!!

김차인 박 시장님. 현직 검사한테 이러시면. 당신 무기징역이야!!

창학 (수사관들에게) 총 꺼내.

박성배 어이구 똑똑한 줄 알았드니만, 검사님 생각이 차암 짧다..

리병천 흐흐흐

박성배 그냥 애네들한테 내 팔 한 짝 자르라고 하면 돼애~

김차인 !!!

박성배 민평동 외노자 거주지 강제 철거한 얘기 들었지?
거기 살던 놈들이 앙심을 품고 나한테 테러하러 온 거야, 지금!

김차인 당신 정말 미치셨어? ..어?

박성배 근데 마침 당신네들이 오늘 여기 와있었네. 미안해요~

창학 야 지금 경고사격 필요 없다. 그냥 쏴라.

리병천 이 쌍간나새끼 뭐래니? 쏴. 쏴봐. 겁날 거 없다.... 하라!

→ 리병천의 외침에 정글도 하나가 김차인을 벤다.
창학이 반사적으로 **탕! 탕!**

→ 밀착 상태에서 한꺼번에 부딪친다! 칼질과 총질이
난무하는 집단 난투극. **탕탕-퍽퍽-윽-탕!!!**

→ 어느 빈소로 달아나는 최 수사관을 쫓아가는
깐차와 리병천, 사방으로 피가 튄다!

#114 안치소 연결통로

→ 검붉은 피가 철철.. 선모의 목에서 계속 솟구친다.

도경 (스스로 믿기지 않는) 야.. 어떡하냐 선모야?
이 미친 새끼야.. 어우 야 선모야 어떡하냐 새끼야?!
씨발.. 야.. 이거 어떡하냐..

선모 혀엉. 진짜 쏘냐..

도경 !...... (출혈을 막아야 하는데 어쩔 줄 모르는)
너 괜찮아! 너 안 죽어..

선모 형. 나 좆됐다 그지? (도경을 보는.. 눈물이 그렁그렁 맺힌)

도경 야 이 새끼야! 너 아냐 새끼야. 너 살 수 있어..
내가 살릴 거야. 이 씨발. 야 씨..

선모 클룩... 조지나.. 뺑뺑이다.. 쒸 바..

→ 고통스럽게 피를 토하며 선모가 죽어간다..
도경이 끌어안으며

도경 어후~ 야 야. 선모야 새꺄.. 야이 씨발새끼야...

#115 **비좁은 통로 | 밤**

→ 지칠 대로 지친 창학이 거친 숨을 토하고..
앞뒤를 막은 마스크맨들 정글도를 휘두른다.

→ 최후의 발악처럼 창학이 칼로 방어하면서
잠시 소강상태.

창학 아나 씨바. 피곤하네 진짜..

→ 숨통을 끊으려고 동시에 달려드는 칼들.
난자당하는 창학, 점점 무너진다.

#116 **지하통로 오르막길 | 밤**

→ 도경이 죽은 선모를 힘겹게 질질 끌고.
시신이 끌려오면서 피의 길이 만들어진다.

#117 **은충호 빈소 안 | 밤**

→ 총을 든 박성배의 뒷모습을 팔로우. 칼에 찔린
차승미가 쓰러져 있는 은충호의 영정 제단.

→ 그 밑에서 김차인이 리병천과 깐차에게
얻어맞는다.

리병천 쌍간나 새끼야! 나와! 안 나와?

김차인 그만 때려. 그만 때리라구~ 내가 대한민국 검사야~ 이씨!

리병천 이 쌍간나 새끼야 꿇어!

→ 박성배 앞에 김차인을 무릎 꿇린다.
김차인, 애써 아무렇지 않다는 미소를 지으며..

김차인 오케이! 시장님. 내가 큰 실수 했습니다.. 좋아요! 무조건 손잡겠습니다.

박성배 손 치워 씨발! 손모가지 확 잘라 버리기 전에!

진석 (정글도로 위협) 손 내려.

박성배 이제 와서 내 진심이 느껴져? 응?

김차인 시장님.. 마지막 기회라는 게 있지 않습니까?

박성배 없써어 쒸빨! 야 김차인이 잘 봐. 내 팔 싹뚝! (오른팔을 진석에게 쑥 내민다) 내 팔 잘라.

진석 (놀람) 네???

박성배 내 팔 자르라고~ 이 씨발 확 잡아. 잡아! 잡아!

진석 시.. 시장님...

박성배 꽉 잡아. 내놔. (정글도를 빼앗아) 똑바로 잡아 이 시발. 잘 봐 김차인이! (진짜 자기 팔을 자를 기세)

김차인 아아아...... (만류하며) 시장님! 시장님!

박성배 놔아 씨발 확!

김차인 시장님 시장님 시장님. 왜애 몸을 상하게 하세요??!! 제가 충성을 다하겠습니다, 진심입니다! 제가 지금 살려구 이러는 게 아닙니다.

박성배 (본다)

김차인 시장님 팔도 보존하시고. 안남 메트로폴리스 거기도 건설..

→ 박성배, 갑자기 베레타를 꺼내더니 차승미에게
다가가 탕! 허벅지를 관통하는 총알,

차승미 !!......아아아악~

→ 너무 놀란 김차인 앞에 박성배가 팍! 정글도를 내리꽂는다.

박성배 충성이라.. 우리 검사님 내 사람이 될라는지 어디 한 번 봅씨다. 마무리는 검사님이 하세요~ 마무으리~

김차인 !!!!

박성배 병천이 찍어. 카메라로!

리병천 자아 카메라 돌아갑니다~

김차인 ...... (차승미를 본다)

차승미 (설마.. 밀려오는 공포!) ......검사님...

김차인 시장님.. 약속 지키셔야 합니다..

박성배 굳!

→ 차승미, 겁에 질려 황급히 기어서 도망친다. 김차인의 손이 다리를 붙잡는다. **아아악~~!!**

→ 기겁하는 차승미 안간힘으로 달아나고.. 정글도를 거머쥐고 뒤따르는 김차인!

#118 **중앙 복도**

→ 선모를 끌고 통로 끝에서 나오는 도경.

(박성배) "아 질질 짜는 년 목소리 듣기 싫으니까 빨리 좀 해봐바요."

→ 빈소 앞. 공포에 질린 차승미를 내려다보는 김차인, 어금니 악물고 칼을 치켜든다.

→ 방아쇠를 당기는 도경, **탕-탕-탕!!** 옆구리를 쥐고 쓰러지는 김차인.

#119 은충호 빈소
중앙 복도

→ 총소리에 놀라 웅크리는 박성배와 일당.
"어고 씨, 뭐야 뭐야 뭐야?"

→ **복도**

→ 철컥 철컥! 도경의 총알이 떨어졌다.

박성배 (겁먹은..) 누구야? 뭐야?
진석 ..한도경입니다.
박성배 아효~ 나 이 씨발!

→ **복도**

→ 총알을 장전하는 도경. 다급함에 총알 하나 바닥에 떨어진다.

박성배 도경이니~?
도경 (리볼버를 장전 중)
박성배 선모랑 얘기가 잘 안 됐구나?
도경 예.. 제가 죽였어요.
박성배 아나 씨~ 너 때문에 이게 다 뭐니이?
도경 (장전을 마치고 총구를 든다)
박성배 형제 같은 애를 죽였단 거잖아~ 검사도 쏘고~
(총 겨누며 밖으로 나가보라는데, 아무도 나가지 않고)
도경 시장님! 밖으로 나오세요.

→ **빈소**

→ 박성배가 다급한 제스처로 병천, 깐차에게 당장 나가라고 협박하는.

→ **탕!** 도경이 쏜 총알이 진석의 어깨를 스친다.
놀라는 박성배와 그 일당.

박성배 이제 나까지 죽일라구!! 야~ 너 진짜 나쁜 섹키다!
도경 박성배. 밖으로 나와!! (탕! 다시 한번 총을 당기는)
박성배 나가라고, 나가 씨!

→ 겁먹은 채 달려 나오는 깐차와 리병천.
총을 쏘는 도경! **탕~** 쓰러지는 깐차.
→ 리병천이 촛대로 복부를 쑤셔댄다.
도경이 근접 상태로 **탕~**
리병천의 가슴을 뚫는!
→ 마지막으로 뒤엉키는 진석과 도경의 난투극!
박성배가 베레타를 내밀고 **탕탕탕탕탕!**
→ 진석의 등과 도경에게 쏟아지는 총탄 세례.
응사하는 도경의 팔을 관통하는 총알!
→ 박성배도 뺨에 스친 듯 피가 흐르고....................
잠시 정적.
→ 살짝 내다보는 박성배를 향해
도경이 방아쇠를 당긴다. **철컥철컥?!!**

박성배 (만면에 미소) 크크.. 어떡하냐~ 총알이 없잖아!
도경 내가 너 죽일 거야 개새끼야!

→ 무대포로 다가오는 도경을 박성배가 쏜다.
탕! 배에 맞고 쓰러지는 도경!

#120 **중앙 복도 | 밤**

박성배 뭘로? 어떻게 죽일 건데? (밀치면서) 만지지 마
이 개새꺄! (머리채를 잡고) 야! 한도경이 잘 들어. 내가.
내가 여기 어떻게 정리하는지
도경 (허우적거리며)이 씹쉐꺄..
박성배 잘 봐. 또라이 새끼야.

→ 도경의 몸부림을 뿌리치고 성큼 통로 쪽으로 피한 차승미를 찾는다. **"아가씨~?"**

박성배 아가씨 어딨어요? 아. 여기 있네! (주저 없이 당기는)

→ **탕! 탕!** 총을 맞아 절명하는 차승미..

김차인 아....... (엎드린 채 그 모든 참상을 목도하는)
도경 괜찮아 씨발.. (힘겹게 일어서며) 야!
박성배 ? (뒤돌아보는)
도경 박성배! 나랑 한 판 붙자 씨발놈아.
박성배 이런 호로새끼가 어딜 타고 올라와!
도경 죽여 이 개새~!! (악으로 깡으로 돌진)

→ **탕!** 허벅지가 관통한 도경이 박성배를 움켜잡고 쓰러진다. 필사적으로 박성배의 목을 짓누르는 도경.. 그러나 박성배가 힘이 빠진 도경의 손을 걷어내고 총구를 돌려 **탕!**
→ 옆구리에 박힌 총탄. 도경이 쓰러져 피를 토한다.

박성배 (총구를 얼굴에 겨누고) 화악 죽여버리고 싶은데! 지금부터 니가 책임져야 할 일이 한두 가지가 아니야~
도경 컥... 컥...
김차인 앰뷸런스 좀 불러줘요.. 앰뷸런스.. 좀 불러줘요 아...
박성배 !!... 으이그 이그~

→ 꿈틀거리는 김차인 쪽으로 무릎걸음 하는 박성배. 등판을 두들기며

박성배 김 검사. 잘 들어. 여기 지금 여기 좆된 상황 수습할 방법부터 생각해야 돼~ 응!

→ 피투성이가 된 도경의 시선으로.
바닥에 뒹구는 총알 하나.

김차인 제발 앰뷸런스 좀 불러줘요. 어~ 살살. 살살.
박성배 (일으켜 앉히며) 돼지 새끼, 아유 무거워.. 시끄러.
김차인 나 총 맞았어! 나 총 맞았어요. 총 마잣쩌...
박성배 내가 생각해봤는데. 저 한도경이 새끼가 황 반장 살인범으로 드러나서 미쳐 날뛴 걸로. 스토리 만들 수 있지? 아오 그래서 자기도 당한 거고, 나도 피해자고~ 흐흐!
김차인 지금 당장 앰뷸런스 불러주면. 내가 다아 엮을게요. 어때요?
박성배 가만 보니까, 자기도 참~ 나랑 닮았네!

→ 일어나는 박성배 바로 쏜다. 김차인의 심장을 관통한 총알.. 툭 넘어가는 몸뚱이.
→ 무슨 소리? 박성배가 돌아보면, 누운 채로 도경이 리볼버를 겨눈다.

박성배 아~ 이 지겨운 새끼.. (다가오는데)

→ 철컥! 공회전하는 도경의 리볼버..
→ 박성배가 잠시 놀랐다는 표정,

박성배 아이고 깜짝이야~ (다가오는) 니 문제가 뭔 줄 아니? 도경아?
도경 쿨럭.... 예 예. 문제 많죠.. 다 알아요.
박성배 (가까이 보는) 조또 아닌 새끼가 쓸데없이 성질만 있어.
도경 흐흐흐흐흐. 조지나 뺑뺑이다 이 씨발아~
박성배 !!! (탄창에 총알 하나 발견)

→ 벌써 당겼다. **탕~!** 박성배 이마를 관통한 총탄..
그대로 뒤로 넘어간다.
→ 지옥대마왕 박성배가 절명했다.
→ 낄낄거리는 한도경의 입에선 웃는 듯 우는 듯,
주체할 수 없는 감정들이 솟구치는..
→ 생명의 시간이 얼마 남지 않았다.
도경은 저만치 누운 선모에게로 가려다 넘어진다.
→ 숨이 껄떡껄떡 **크어.. 컥.. 크억..**
온 힘을 짜내 기어가는.
→ 도창학.. 김차인.. 박성배.. 시뻘건 피에 물든
악인들의 육신을 카메라가 훑어가고.
→ 장례식장 바닥에 이미 숨이 끊어진
도경의 얼굴.. 뒤늦은 한줄기 눈물이 흐르고.
→ 손끝이 닿을 거리에 문선모가 죽어 있다.

도경 [NA] 이렇게 될 줄 알았어요. 알면서도.. 하.. 어쩔 수가 없네요.

–끝–

스토리보드 / 스틸컷

일러두기

수록된 스토리보드는 촬영 현장에서 사용한
버전으로, 현장성을 위해 일부 오탈자까지
그대로 살렸습니다.

수록된 카체이싱 시퀀스 러프 콘티는 김성수
감독이 촬영 현장에서 스태프들과 공유하기
위해 직접 그린 드로잉입니다.

12	N	L	옥상건물 옥상 뒤따라 올라 온 황반장과 몸싸움 / 추락해 죽어 있는 황반장	33셋업 46컷+

C#1

안남시 / Boom down / 옥상 FS

공사장이 보이고 카메라 내려오면 옥상에 철조망을 돌아 나오는 작대기와 선모가 보인다.

선모 **진짜 쏴? 쏴아!!**

C#2

작대기 MS

작대기 **땅겨 븽신아~ 공포탄이 아프냐?**

C#3

선모 약 Low WS

선모가 허공에 한 발을 당긴다. 탕!

12	N	L	옥상건물 옥상 뒤따라 올라 온 황반장과 몸싸움 / 추락해 죽어 있는 황반장	33셋업 46컷+

C#4

옥상과 연결되는 다른 계단

계단 부감 / Fr.out 도경

계단을 올라오던 도경, 공포탄 소리 듣고 낭패스런 얼굴.. 빠르게 프레임 아웃된다.

C#5

선모 BS

작대기에게 총을 겨눈 채 계속 위협하는 선모

선모 **이제 실탄 나갈거야..**

C#6

선모 OS 작대기 MS / Follow

선모 **맞으면 해골에 빵꾸난다.** (정조준)

작대기가 프로판가스통이 놓여있는 쪽으로 물러나다 가스통더미와 함께 쓰러진다.

12	N	L	옥상건물 옥상 뒤따라 올라 온 황반장과 몸싸움 / 추락해 죽어 있는 황반장	33셋업 46컷+

C#7

작대기 OS 선모 FS

작대기가 뒤로 물러나다 가스통더미와 함께 쓰러진다. 연결캡 하나 빠지며 가스가 쏴아아~

C#8

선모 WS

당황하는 선모,,

C#9

작대기 부감 MS

작대기가 **"쏴아~ 쏘라구우~"**
닥치는대로 고무호스를 잡아당겨 가스가 마구 분출한다.

C#10

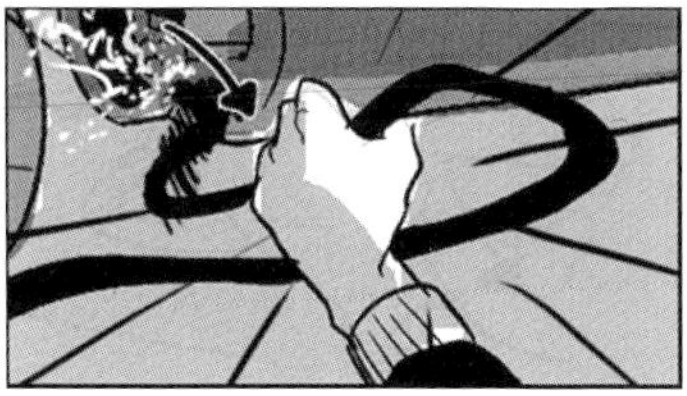

가스통 호스 CU

고무호스를 잡아당기는 작대기. 가스가 마구 분출한다.

C#11

선모 MS

선모가 가스밸브를 잠그려고 애쓰는데..

12	N	L	옥상건물 옥상 뒤따라 올라 온 황반장과 몸싸움 / 추락해 죽어 있는 황반장	33셋업 46컷+

C#12

작대기, 선모 MS

케이블라인을 휘감는 작대기, 선모와 자기를 동여 묶는다.

C#13

선모 OS 작대기 MS

선모와 자기를 케이블라인으로 휘감는 작대기 번쩍 치켜드는 손에 들린 라이터!!

C#14

라이터 CU

번쩍 치켜드는 손에 들린 라이터!!

C#15

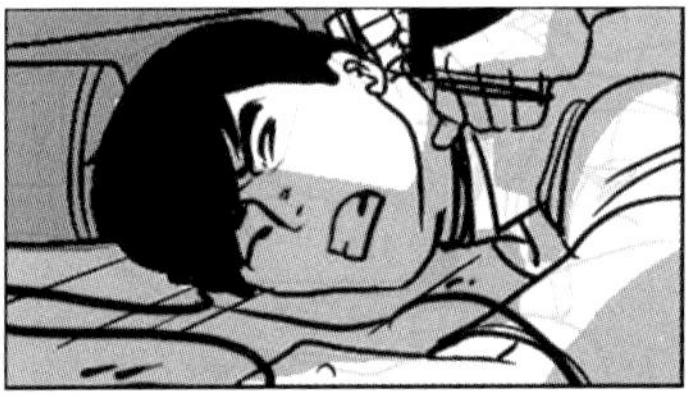

선모 CU

기겁하는 선모..

12	N	L	옥상건물 옥상 뒤따라 올라 온 황반장과 몸싸움 / 추락해 죽어 있는 황반장	33셋업 46컷+

C#16

선모, 작대기 MS / Fr.in 도경

작대기가 라이터를 당기는 찰나,
도경이 달려와 머리통에 싸커킥을 날린다. 퍽!

C#17

도경, 작대기, 선모 3Shot

도경의 발에 맞고 옆으로 쓰러진 작대기.
작대기를 단도리 중인 도경.
옆으로 물러나는 선모.

C#18

선모 BS

선모, 몸을 추스리며

선모 **헉 헉.. 고맙습다.**

12	N	L	옥상건물 옥상 뒤따라 올라 온 황반장과 몸싸움 / 추락해 죽어 있는 황반장	33셋업 46컷+

C#19

도경, 작대기, 선모 FS

작대기를 단도리하는 도경. 일어서는 선모.

C#20

선모 WS

일어나는 선모의 더블액션.

선모 (전화기로 지원요청하려는)

C#21

선모 OS 도경 WS

선모가 전화기 꺼내는 걸 보고 일어나는 도경

C#22

선모 Low WS / Fr.in 도경

선모의 전화기를 가로채는 도경

12	N	L	옥상건물 옥상 뒤따라 올라 온 황반장과 몸싸움 / 추락해 죽어 있는 황반장	33셋업 46컷+

C#23

선모 OS 도경 BS / 멀어지는 도경

도경 **생각 좀 하자.. 일분만.**
(생각하면서 뒤돌아 가고)
선모 **??**

그 때, 황반장이 헉헉 거리며 옥상에 올라온다.
"그 가방 건들지 마!"
돌아보는 선모

C#24

황반장 WS / Pan Follow / 도경,선모 WS

황반장 헉헉 거리며 옥상에 올라와 **"그 가방 건들지 마!"** 말릴 틈도 없이 작대기의 배낭부터 뒤지는 황반장. 무슨 상황인가 싶은 선모와 일이 꼬이는 것에 한숨 쉬는 도경

12	N	L	옥상건물 옥상 뒤따라 올라 온 황반장과 몸싸움 / 추락해 죽어 있는 황반장	33셋업 46컷+

C#25

작대기가방 CU / Pan up / 황방장 Low WS

가방에서 오만원권 네뭉치가 나온다.
"이천만냥 되겠습다~" 흡족한 얼굴의 황반장

C#26

도경 약 Side WS / Pan Follow / 도경, 황반장 Side BS

흡족한 얼굴의 황반장 앞으로 다가서는 도경.

황반장 **나누자고?** (번갈아 보며) **싫은데..**
도경 (선모와 시선교환)

C#27

도경 황반장 WS OS 선모

선모 **반장님. 그냥 보고 하시죠?**
황반장 **막내야. 쟤 풀어줘야 돼..**
선모 **네??**
황반장 **도경이 망원(정보원)이잖아~**
선모 (도경을 본다)

12	N	L	옥상건물 옥상 뒤따라 올라 온 황반장과 몸싸움 / 추락해 죽어 있는 황반장	33셋업 46컷+

C#28

도경, 황반장 Side BS

도경, 선모의 시선을 받아 황반장 돌아보며

C#29

황반장 OS 도경 BS

도경 **형님.. 얘기 좀 해요**

C#30

도경 OS 황반장 BS

황반장 **뭔 얘길 자꾸 해~?**
작대기는 니꺼. 이 돈은 내꺼!
맞잖아~ 선모는 내가 주까?
(징글맞은 미소) **니가 줄꺼지!**

C#31

도경 황반장 WS OS 선모. PAN Down

도경이 돈을 가로채 배낭에 도로 넣는다.

12	N	L	옥상건물 옥상 뒤따라 올라 온 황반장과 몸싸움 / 추락해 죽어 있는 황반장	33셋업 46컷+

C#32

도경 손 CU / Fr.in 황반장 손 / Fr.out 손

돈을 가방에 넣는 도경의 손목을 거칠게 비트는 황반장!

C#33

도경 황반장 WS OS 선모.

황반장　　개쒸이발섹휘가!
도경　　왜 욕을 하세여~
황반장　　하, 욕도 못해 너한테?? 으휴 대굴빡을 화악! (때릴 기세)

C#34

황반장 OS 도경 BS

도경　　도둑질 말자는 게 형한테 맞을 일이유?

C#35

도경 OS 황반장 BS

황반장　　야아.... (돌연 사정조)
넌 시장이 매달 오부지게
챙겨준다며?
나두 껴달라고 존나 비굴하게
몇 번이나 말했써?
요것도 먹으믄 안 돼?
넌 돼구 형은 안돼?

C#36

황반장 OS 도경 BS

도경　　남의 돈이니까요~ 재껄 왜 형이 맘대로 잡수시냐구요?

12	N	L	옥상건물 옥상 뒤따라 올라 온 황반장과 몸싸움 / 추락해 죽어 있는 황반장	33셋업 46컷+

C#37

도경 OS 황반장 BS

황반장 ....아라써, 넌 빠져.

C#38

황반장 OS 도경 BS

도경, 황반장 행동에 짜증 내는데,
"찰칵!" 들리고, 돌아보는 두 사람

C#39

선모 핸드폰 CU

스마트폰으로 돈다발 증거사진을 찍는 선모

12	N	L	옥상건물 옥상 뒤따라 올라 온 황반장과 몸싸움 / 추락해 죽어 있는 황반장	33셋업 46컷+

C#40

사진찍고 있는 선모 OS 도경, 황반장 MS / 선모 동선 Follow

찰칵 소리에 놀란 황반장, 선모에게 다가가고 황반장이 곤봉으로 뒷목을 내려쳤다.

황반장 **장난인줄 아나.. 진짜루 필요하다니까.** (한번 더 치려는)

발로 내지르는 도경.

12	N	L	옥상건물 옥상 뒤따라 올라 온 황반장과 몸싸움 / 추락해 죽어 있는 황반장	33셋업 46컷+

C#41

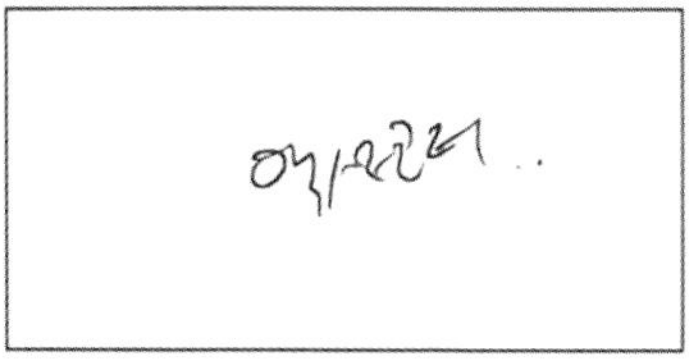

화가 난 황반장이 달려들면서 도경과의 격렬한 몸싸움.. 황소처럼 부딪히는 두 남자의 난투극!

C#42

도경, 황반장 Side WS / 황반장 동선따라 Pan / 추락하는 황반장 / Pan up 도경, 선모 BS / Fr.out 선모

황반장과 몸싸움하는 도경. 황반장을 잡고 뒤로 돌리는데, 철조망이 쓰러지면서 떨어진다
추락하는 황반장. 카메라 팬업하면 우발적인 상황에 눈만 껌뻑이는 도경. 선모는 확인하기 위해 내려간다.

12	N	L	옥상건물 옥상 뒤따라 올라 온 황반장과 몸싸움 / 추락해 죽어 있는 황반장	33셋업 46컷+

C#43

황반장 CU

계단에 세워져있던 낡은 철근에 목이 찔리는 황반장

C#44

선모 MS / Pan down / 황반장, 선모

급하게 계단을 내려오는 선모.
엎어져 있는 황반장이 보이고.

C#45

황반장 CU / Pan up / 선모 BS

튀어나온 난간에 찔려 죽어있는 황반장.
문선모가 확인하는데, 진짜 죽었다.
옥상을 보며 이를 어떻게 하냐는 표정

12	N	L	옥상건물 옥상 뒤따라 올라 온 황반장과 몸싸움 / 추락해 죽어 있는 황반장	33셋업 46컷+

C#46

도경 OS 부감 FS / 카메라 도경으로 무빙

아득해지는 도경. 얼음처럼 굳는..... F.O

64	N	L	안남시 도로 차들 사이로 질주하는 산타페 안의 도경 "씨발" "씨발!!!!!!!"	셋업 9컷

<부산분량>

C#1

싼타페 FS / Follow

장대비를 뚫고 싼타페가 질주한다.

C#2

도경 Side BS

눈가로 흘러내리는 피를 손등으로 연신 닦는 도경..

도경 (추월하면서)
씨발씨발씨발씨발씨발씨발씨이바알!
씨이...바아...!!!!

C#3

도경 CU

눈가로 흘러내리는 피 타이트

C#4

도경 POV 싼타페 앞 유리 OS 도로 FS
카메라 차 안에 위치

도경의 시점으로 보이는 도로의 막혀있는 차량들

C#5

도경 정면 WS

도경, 차가 막혀있자, 핸들을 틀어 중앙선을 넘어간다.

쾅!!

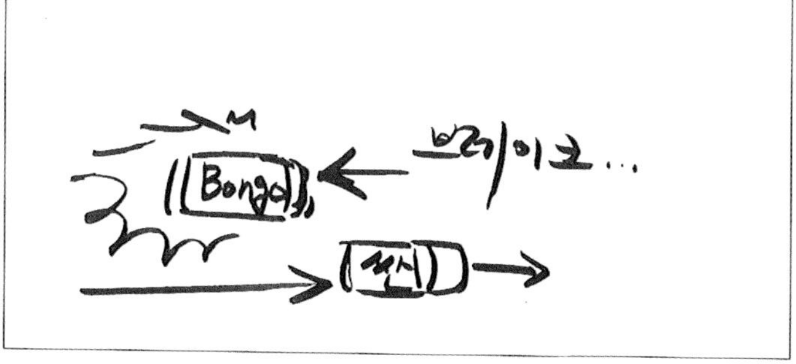
Bongo
브레이크…

Ext. H. A

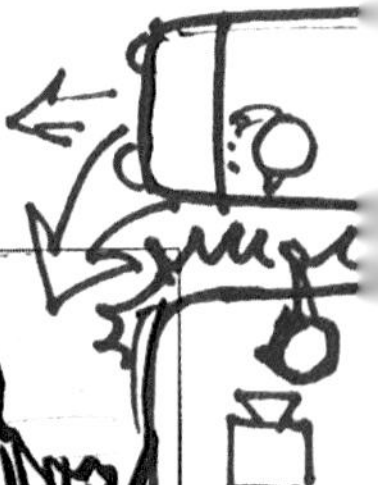

즉비홍로. Set + 한장shot.

아수라 콘티 . . ( )

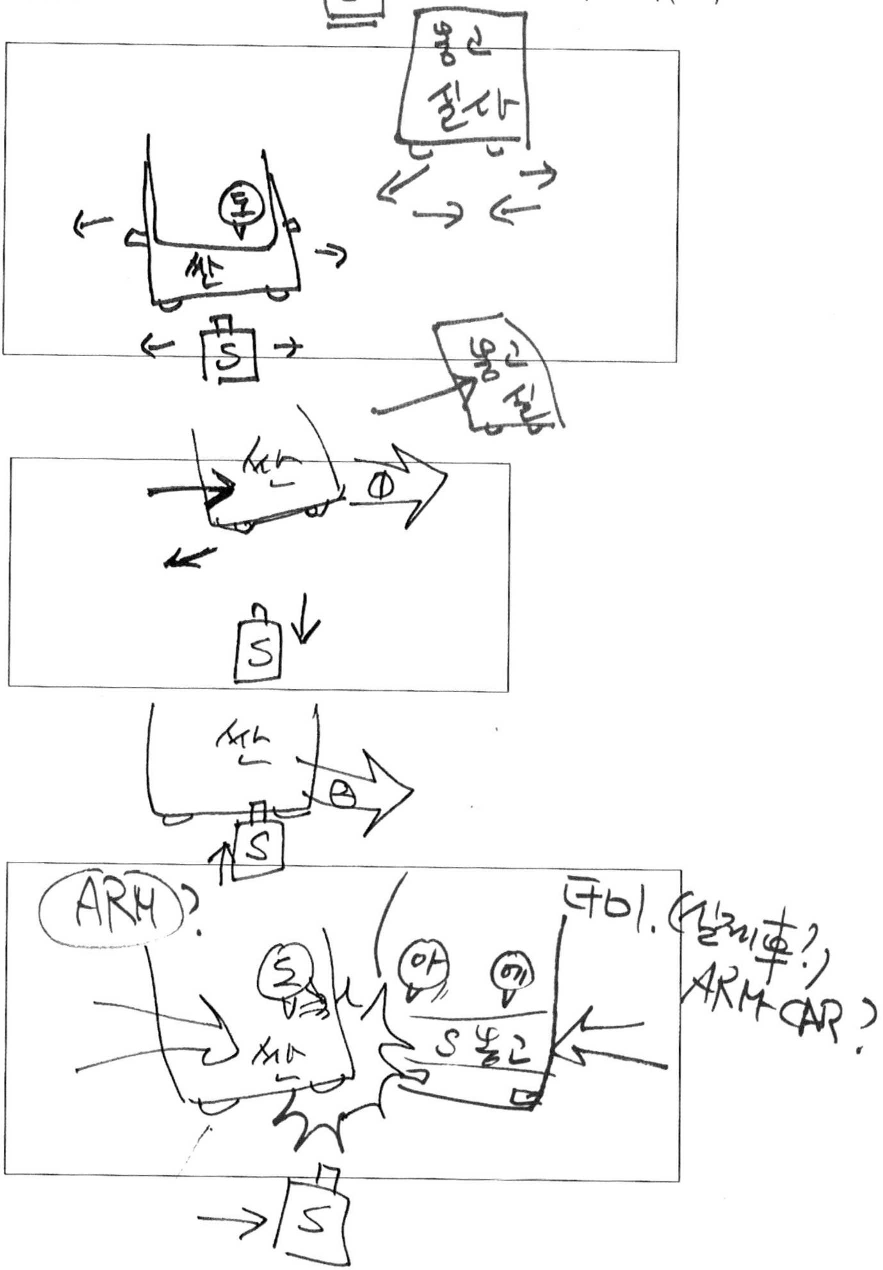

아수라 콘티

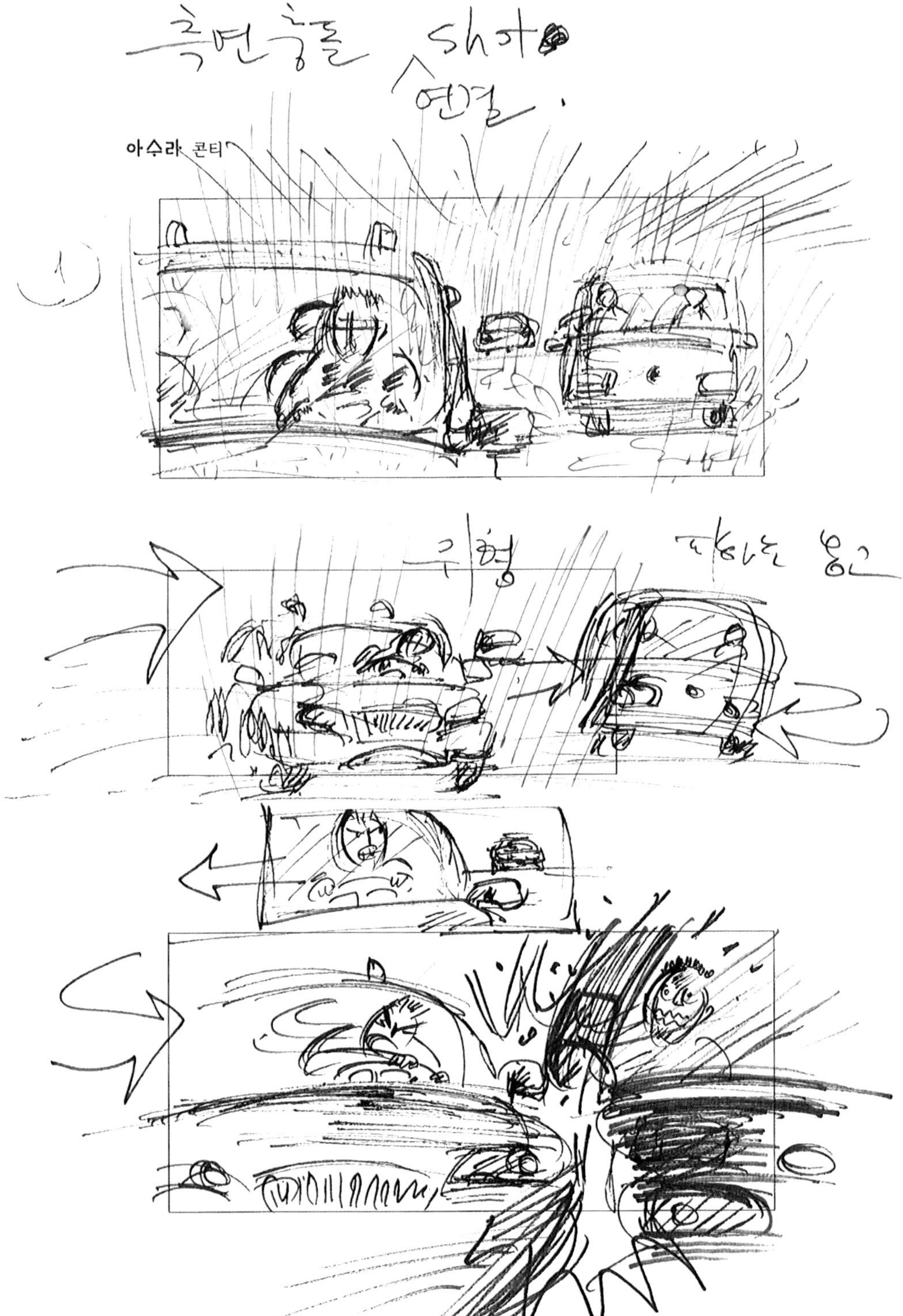

111A	N	S	안치소 연결통로1 – 안치소 삼거리 도경과 선모의 격투. 육탄전 중 선모를 쏘는 도경	셋업 35+컷

C#32

인물들이 잘 보이지 않는 FS

탕탕~!

C#33

선모 OS 도경 CU

놀란 도경의 얼굴.

C#34

도경 OS 선모 CU

놀란 선모의 얼굴

111A	N	S	안치소 연결통로1 – 안치소 삼거리 도경과 선모의 격투. 육탄전 중 선모를 쏘는 도경	셋업 35+컷

C#35

선모의 손 CU / Tilt up / 선모의 얼굴 CU

총알이 선모의 손가락을 뚫고, 목에 맞았다..

112	N	S	6빈소 제단 총 소리에 놀란 김차인 방을 나간다	셋업 컷

C#7

총소리를 듣고 반응하는 박성배 얼굴

113	N	S	중앙복도 차인일행 마스크맨들의 총칼전이후 난투극	셋업 13+컷

김차인 BS / Tracking / 김차인 OS 수사관들과 마스크맨들 MS

김차인이 나오면, 복도 중앙에 창학일행을 마스크 쓴 리병천 패거리가 에워싸고 있다.

C#2

마스크맨, 수사관들 OS 김차인 MS

복도 중앙에 창학일행을 마스크 쓴 리병천 패거리가 에워싸고 있다.

113	N	S	중앙복도 차인일행 마스크맨들의 총칼전이후 난투극	셋업 13+컷

C#3

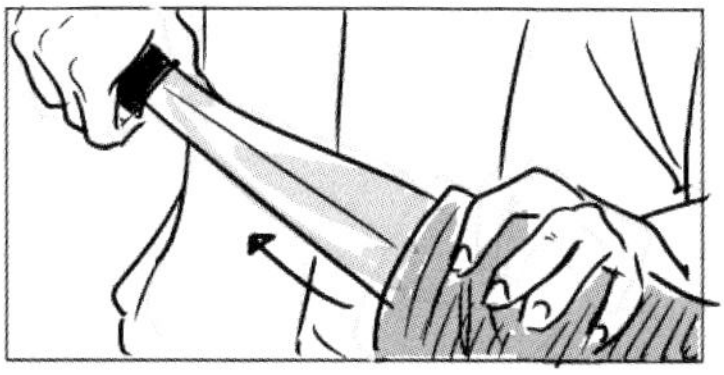

신문지 벗겨내는 칼 CU

정글도를 감은 신문지를 천천히 벗겨낸다.

C#4

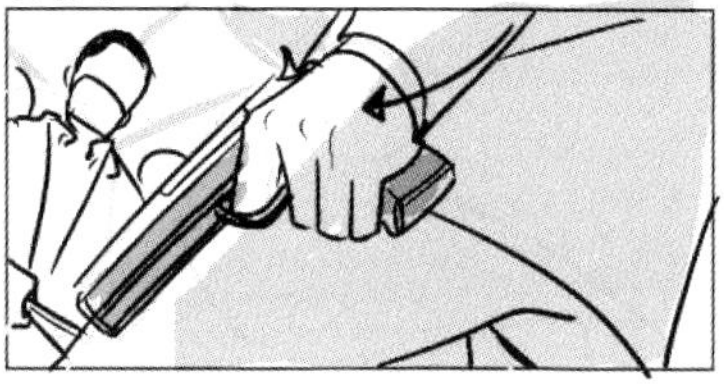

총 CU

권총을 든 손

C#5

꺼내드는 총 CU / Tilt up 창학 BS

권총에 손을 올린 채 긴장한 창학과 수사관들

C#6

FS

수사관들과 마스크맨들이 서로 밀착된 상태..
충돌 직전의 긴장감!!

113	N	S	중앙복도 차인일행 마스크맨들의 총칼전이후 난투극	셋업 13+컷

C#7

마스크맨들 OS 김차인 BS / Fr.in 박성배

김차인　　현직검사한테 이러면. 시장님은 빼도 박도 못하고 무기징역이야!!

박성배　　똑똑한 줄 알았는데, 자기가 생각이 짧다..
그냥 재들한테 내 팔 한 짝 자르라고 하면 돼애~

C#8

박성배 OS 김차인 BS

김차인　　(돌아보며) **!!!**

C#9

박성배　CU

박성배　　**내가 민평동 외노자 거주지 강제철거 한 얘기 들었지?**
거기 살던 놈들이 나한테 앙심을 품고 테러하러 온 거야.

C#10

김차인 CU

김차인　　**그 자리에 재수없게 우리가 있었고?**

113	N	S	중앙복도 차인일행 마스크맨들의 총칼전이후 난투극	셋업 13+컷

C#11

박성배 CU

박성배 (끄덕) **하필 오늘 당신들이 여기 온 거지. 미안하네~**

C#12

창학 BS / Tracking

경악하는 검찰팀! 김차인이 다가온 창학 뒤로 피하고, 창학이 마스크맨들을 훑어보며 먼저 총을 뽑는다. **"이 섹퀴들 덤비면 무조건 발포해도 돼."** 수사관들 조심스럽게 총을 뽑는다.

C#13

마스크맨들 / Tracking

정글도를 거머쥐며 더 밀착하는 마스크맨. 총을 쥔 손이 덜덜덜 떨리는 차승미의 등을 떠미는 김차인.

115C	N	S	중앙복도 문상객들 나가고 죽어있는 맹진호, 최두관, 마스크맨들	셋업 3컷

C#1

쓰러져있는 사내들

쓰러져있는 사내들 뒤로 문상객들이 복도를 다라 몰려 나간다.

C#2

도망치는 문상객들 FS

여기저기 피 흘리며 스러진 사내들 . 문상객들 복도를 따라 몰려 나간다

C#3

죽어있는 맹진호

맹진호, 최두관이 죽고 마스크맨도 여럿 박살났다.

116	N	S	은충호빈소 김차인을 찾아낸 박성배. 승미를 쏜다.	셋업 28컷

C#1

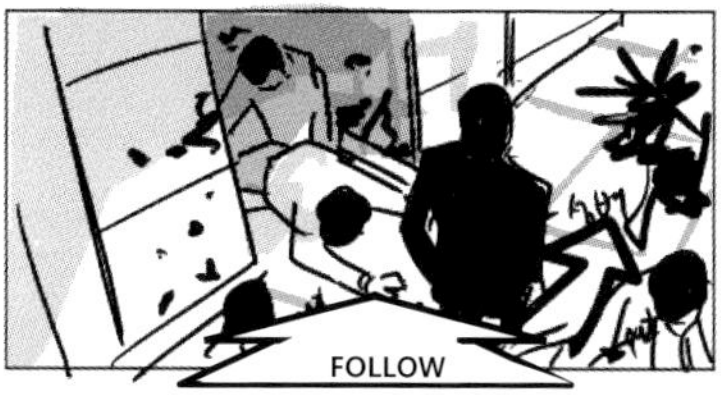

걸어가는 박성배 부감 FS

베레타를 쥔 박성배가 걸어간다.

C#2

박성배 BS

은충호 빈소로 들어오는 박성배

C#3

차승미 MS / Fr.in – out 박성배

칼에 찔린 부위를 지혈하는 차승미가 보이고..

116	N	S	은충호빈소 김차인을 찾아낸 박성배. 승미를 쏜다.	셋업 28컷

C#4

김차인 FS / Fr.in 박성배

제단구석에서 리병천과 깐차에게 얻어맞는 김차인! 박성배가 다가간다.

C#5

김차인 OS 박성배 FS

맞고 있는 김차인에게 다가오는 박성배

C#6

김차인 BS

김차인 **아 씨발 때리지 말라구!**
(박성배 보고) **시장님! 어후..**
이거 뭐어.. 내가 큰 실수 했네요.
좋습다 무조건 손 잡죠 뭐어~

C#7

김차인 OS 박성배 FS

박성배 **당신 차암 후지다 후져!**
아까 손잡자 그를 때 잡았어야지

C#8

김차인 BS

김차인 **시장님. 마지막 기회란 게**
있는 거 아닙니까?

116	N	S	은충호빈소 김차인을 찾아낸 박성배. 승미를 쏜다.	셋업 28컷

C#9

김차인 OS 박성배 FS

박성배 (정글도를 주워드는)
요걸로 해야겠다. 내 팔 싹뚝!

C#10

김차인 CU

김차인 !!... 목숨 걸구 충성하겠습니다.
진심임다!

C#11

박성배 CU

박성배 .... (본다)

C#12

김차인 CU

김차인 저도 살려주시고 시장님 팔도
보존하시고. 안남메트로폴리스도
완성하구 그러셔야 합니다.
제가 살라구 이런 말씀 드리는 거..

116	N	S	은충호빈소 김차인을 찾아낸 박성배. 승미를 쏜다.	셋업 28컷

C#13

김차인 OS 박성배 FS

주변을 둘러보는 박성배. 차승미를 힐끔 보더니

C#14

차승미 OS 박성배 MS

차승미에게 다가가서 탕!

C#15

차승미 허벅지 CU / Tilt up / 차승미 WS

차승미의 허벅지를 관통하는 총알, **아아아악~!!!!** 그녀의 비명이 터져 나온다.

116	N	S	은충호빈소 김차인을 찾아낸 박성배. 승미를 쏜다.	셋업 28컷

C#16

김차인 CU

놀라는 김차인

C#17

박성배 WS

박성배 (정글도를 휙 던져준다)
충성심 좀 보자.

C#18

던져진 정글도 CU / Tilt up / 김차인 MS

김차인 **!!!!!**

C#19

박성배 WS

박성배 **병천아 찍어.**

116	N	S	은충호빈소 김차인을 찾아낸 박성배. 승미를 쏜다.	셋업 28컷

C#20

김차인 CU

엉겁결에 칼을 받아 든 김차인.

C#21

리병천 WS

리병천이 동영상 촬영하고.

C#22

핸드폰 화면 CU

핸드폰 영상 안에 김차인이 보이고..

C#23

김차인 BS

김차인이 차승미를 내려다본다.

116	N	S	은충호빈소 김차인을 찾아낸 박성배. 승미를 쏜다.	셋업 28컷

C#24

박성배 OS 차승미 FS / Tr.in 차승미 MS

공포에 사로잡힌 차승미가 혼신의 힘을 다해 기어서 도망가는!

C#25

차승미 OS 박성배, 김차인 FS

차승미 혼신의 힘을 다해 기어서 도망가는!
그 모습을 보고 있는 박성배. 김차인.

C#26

김차인 OS 박성배 BS

박성배, 김차인을 돌아보면

C#27

박성배 OS 김차인 BS

도저히 못하겠다는 김차인

116	N	S	은충호빈소 김차인을 찾아낸 박성배. 승미를 쏜다.	셋업 28컷

C#28

김차인 OS 박성배 BS / TILT DOWN / 차승미 MS

박성배는 표정없이 총구를 겨눈다.

117A	N	S	중앙복도 선모를 끌고 나온 도경 김차인은 쏜다	셋업 6컷

C#1

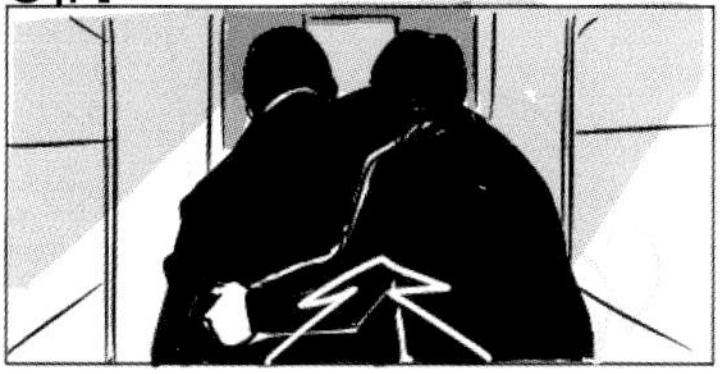

도경, 선모 뒷모습 FS / Follow

통로에서 나오는 도경, 선모를 끌고 왔다.

*시나리오가 수정되면서 선모는 이미 115씬에서 사망했기에 끌고 나가는 것으로 바뀌었습니다. 이에 그림이 글과 다르니 참고만 해주시기 바랍니다.

C#2

도경, 선모 앞모습 MS / Follow

통로에서 나오는 도경, 선모를 끌고 왔다. 도경 중앙복도를 보면

C#3

차승미 FS / Fr.in 김차인

은충호빈소에서 기어 나온 차승미! 정글도를 든 김차인이 따라 나온다.

117A	N	S	중앙복도 선모를 끌고 나온 도경 김차인은 쏜다	셋업 6컷

C#4

김차인 CU

어금니 악 물고 칼을 치켜드는 김차인.

C#5

김차인 사이드 MS / Fr.out

김차인 칼을 치켜들더니 내려 찍는데.
탕-탕-탕 옆구리를 쥐고 쓰러진다!

C#6

도경 FS

도경이 총을 쐈다!

117B	N	S	은충호 빈소 – 중앙복도	셋업 10+컷
			도경을 공격하는 리병천, 깐차, 진석	

C#1

박성배 사이드 CU / Tracking / 복도 FS

박성배가 놀란다. 복도로 나가지 못하고 진석이 내다보고 누군지 알려주면,

박성배 **도경이니?**

C#2

도경 WS

도경 .... (선모를 바닥에 얌전히 내려놓는다)

C#3

박성배 BS

박성배 **선모랑 얘기가 잘 안 됐구나?**

C#4

도경 WS

도경 **에.. 제가 죽였어요.**
(주머니에서 예비탄창을 찾아낸다)

117B	N	S	은충호 빈소 – 중앙복도 도경을 공격하는 리병천, 깐차, 진석	셋업 10+컷

C#5

예비탄창 CU

예비탄창을 찾아내서 장전하는 도경

C#6

박성배 BS

박성배 **너 때문에 이게 다 뭐니~?**
형제 같은 애 죽이고..
검사까지 쏘고..
(부하들에게 나가라는)

C#7

박성배, 리병천, 깐차, 진석 MS

박성배, 부하들에게 나가라는

C#8

박성배 BS / Fr.in – out 리병천, 깐차, 진석

박성배 **이제 나까지 죽일라구.**
차암 너 나쁜 섹퀘다~

117B	N	S	은충호 빈소 – 중앙복도 도경을 공격하는 리병천, 깐차, 진석	셋업 10+컷

C#9

리병천, 깐차, 진석 MS

중앙복도로 나오는 리병천, 깐차, 진석.

C#10

도경 FS

리벌버를 장전하는 도경을 보고는 공격한다.
도경이 뒤늦게 당긴다.
탕탕탕탕탕

액션

리벌버를 장전하는 도경을 보고는 공격한다. 도경이 뒤늦게 당긴다. ***탕탕탕탕탕*** 조화에 탄환이 박히며 흩날리는 꽃잎..

도경과 리병천, 깐차, 진석의 액션은 다음 회차에 진행합니다.

118	N	S	중앙복도 - 은충호빈소 촛대로 박성배를 찌르고 총으로 쏴 죽이는 도경	셋업 36컷

C#1

도경, 진석 FS

진석과 뒤엉켜 싸우는 도경

C#2

박성배 MS

빈소 입구로 나온 박성배, 울을 향해 방아쇠를 당긴다.
탕탕탕탕탕탕탕

C#3

박성배 OS 도경, 진석 FS

무차별 난사에 진석은 죽고, 털썩 주저앉는 도경,
허리와 어깨에 맞았다!

C#4

도경의 다리 / PAN UP / 도경 얼굴

쓰러진 도경. 박성배를 뚫어지게 본다.
다시 일어나려 하는데.. 일어나지지 않는.

118	N	S	중앙복도 - 은충호빈소 촛대로 박성배를 찌르고 총으로 쏴 죽이는 도경	셋업 36컷

C#5

박성배 WS

박성배　　너는 문제가 뭔지 아니?
조또 아닌 게 성질만 있어.

C#6

김차인 BS

김차인　　(쿨럭! 아직 숨이 붙어있는)
으... 으으.... 시장님..
엠뷸런스 좀.. 불러줘요..

C#7

박성배 BS

박성배　　검사님아.
얘가 문선모와 둘이서 사고 친
걸로 꾸밀 수 있나?

C#8

도경 BS

도경　　!!!!!
(벽 잡고 일어나려 안감힘!
바닥에 떨어진 촛대를 집고서)

C#9

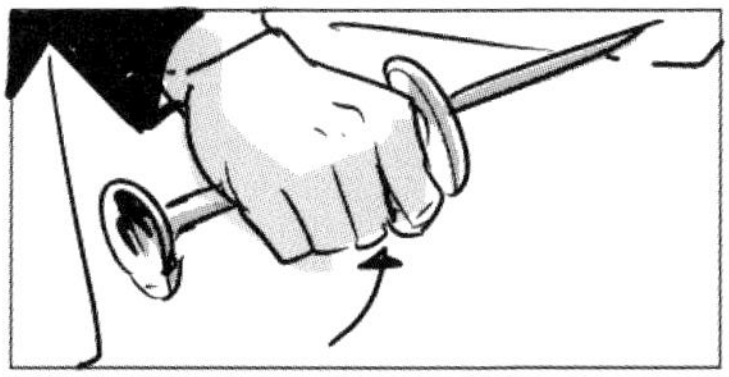

촛대 집는 도경의 손 CU

바닥에 떨어진 촛대를 집는 도경

118	N	S	중앙복도 - 은충호빈소 촛대로 박성배를 찌르고 총으로 쏴 죽이는 도경	셋업 36컷

C#10

김차인 BS

김차인 황반장 살인범들이라..
미쳐 날뛴 걸로..
충분히 엮을 수 있어요.

C#11

도경 WS

도경 니들 맘대로 해..

마침내 일어선 도경이 숨을 헐떡이고..

C#12

박성배 BS

도경이 일어서자 당황한 박성배
놀라서 뒷걸음 치고..

C#13

도경 Kn S

도경이 갑자기 박성배에게 달려든다.

118	N	S	중앙복도 - 은충호빈소 촛대로 박성배를 찌르고 총으로 쏴 죽이는 도경	셋업 36컷

C#14

박성배 FS / Fr.in 도경

놀란 박성배가 제단 안으로 뒷걸음치며..
탕탕탕. 총을 맞으며 덮치는 도경!

C#15

박성배 OS 도경 WS

총을 맞으며 덮치는 도경!
제단 안으로 넘어진 박성배의 가슴팍을 촛대로 찌른다. 퍽퍽퍽

C#16

도경 OS 박성배 WS

제단 안으로 넘어진 박성배의 가슴팍을 촛대로 찌른다. 퍽퍽퍽 자기 가슴에 박힌 촛대를 내려다 보는 박성배, 그걸 뽑으면서 도경을 쳐다본다.

박성배 도경아.. 너 이럼 안 돼..

118	N	S	중앙복도 - 은충호빈소 촛대로 박성배를 찌르고 총으로 쏴 죽이는 도경	셋업 36컷

C#17

박성배 OS 도경 BS

도경 **예.. 예. 다 제 잘못이에요..**
(베레타를 가로채고)
머 할 말 있어요?

C#18

가로채는 베레타 CU

도경이 박성배에게서 베레타를 가로챈다.

C#19

도경 OS 박성배 WS

박성배 **세상엔 말이다..**
두 가지 경우가 있어..

C#20

도경 BS

도경 (쏜다 **탕탕!)**

C#21

박성배 사이드 CU

박성배 이마에 정통으로 맞아 피가 물결처럼 번지는.

118	N	S	중앙복도 - 은충호빈소 촛대로 박성배를 찌르고 총으로 쏴 죽이는 도경	셋업 36컷

C#22

박성배 정면 BS

박성배 이마에 정통으로 맞아 피가 물결처럼 번지는. 즉사했다!

C#23

도경 BS

도경 **시끄러워요..**
(드디어 끝났다는 허탈한)

C#24

은충호 영정사진 CU

삐뽀~ 삐뽀~ 아득히 들리는 경찰 싸이렌..

C#25

도경 OS 빈소 FS

빈소를 나서는 도경

118	N	S	중앙복도 - 은충호빈소 촛대로 박성배를 찌르고 총으로 쏴 죽이는 도경	셋업 36컷

C#26

도경 사이드 BS

중앙복도로 나오는 도경.

C#27

김차인 MS

김차인 **도경씨가 해냈네..**

김차인이 눈을 맞추며 비굴하게 웃는다.

C#28

도경 BS

도경이 내려다본다.

C#29

김차인 MS

김차인 **한도경이 멋씨다~**

C#30

도경 BS

도경 **입만 열면 쒸이바.**
(방아쇠 당긴다)

118	N	S	중앙복도 - 은충호빈소 촛대로 박성배를 찌르고 총으로 쏴 죽이는 도경	셋업 36컷

C#31

도경, 김차인 사이드 FS

탕! 김차인이 절명했다..
도경의 가슴에서도 줄줄 흐르는 피. 생명의 시간이 얼마 남지 않았다. 저만치 누운 선모를 향해 걸어가는데..

도경이 입은 총상에서 피가 많이 흐른다. (곧 죽을 것임을 보여주는)

C#32

도경 POV 선모 FS

도경의 시야로 보이는 죽어있는 선모의 모습

C#33

도경 BS / FOLLOW

선모에게 걸어가는데 점차 숨이 껄떡 껄떡
크어어.. 컥.. 크억..
비틀비틀 넘어질 듯 걸어가는 도경..

C#34

죽어있는 창학 BS / Tracking

죽어있는 창학
시뻘건 피로 물든 악인들의 육신을 훑는 카메라.

118	N	S	중앙복도 - 은충호빈소 촛대로 박성배를 찌르고 총으로 쏴 죽이는 도경	셋업 36컷

그림 트래킹샷으로 수정예정

C#35

죽어있는 김차인 BS / Tracking

죽어있는 김차인
시뻘건 피로 물든 악인들의 육신을 훑는 카메라.

C#36

죽어있는 박성배 WS / Tracking

죽어있는 박성배
시뻘건 피로 물든 악인들의 육신을 훑는 카메라.

2

4
5

"…행복에 겨워 등장인물을 싸그리 다 죽였다." 김성수 감독 인터뷰

인터뷰와 글: 김성훈(씨네21 기자)

"…행복에 겨워 등장인물 싸그리 다 죽였다." 김성수 감독 인터뷰

인터뷰와 글: 김성훈(씨네21 기자)

걷잡을 수 없을 만큼 열풍이 불었지만, 금세 사그라드는 팬덤이겠거니 했다. 예상은 틀렸다. 〈아수라〉의 팬들은 N차 관람과 굿즈 제작은 기본이고, 극장을 빌려서 단체로 관람하더니 종영 후 몇 년이 지나도 트위터 같은 SNS에서 잊지 않고 영화를 소환하는 열성 팬덤이었다. 아직도 이 팬덤은 매년 영화의 개봉일인 9월 28일에 생일을 축하하듯 모습을 드러내며 영화의 생명력을 이어가고 있다. 김성수 감독조차 〈아수라〉가 마니아들, 일명 '아수리언'들 사이에서 이토록 열렬한 사랑을 받을 줄은 전혀 예상하지 못했을 것이다.

〈아수라〉는 김성수 감독의 일곱 번째 장편 영화다. 김성수 감독은 단편영화 〈비명도시〉(1993)의 연출을 시작으로 〈비명도시〉의 개작이자 장편 데뷔작 〈런어웨이〉(1995), 청춘스타 정우성을 탄생시킨 〈비트〉(1997), 정우성과 이정재가 처음으로 스크린에서 호흡을 맞춘 〈태양은 없다〉(1998), 중국 로케이션에 도전한 대작 〈무사〉(2001), 첫 로맨틱 코미디 〈영어완전정복〉(2003), 바이러스 재난 영화 〈감기〉(2013)를 차례로 연출했다. 그의 필모그래피는 각자 의미 있는 족적을 남긴 영화로 채워져 있지만, 우리가 사랑한 대부분 감독들의 필모가 그러하듯, 감독으로서 바란 성취를 미처 만족시키지 못한 작품들도 있다. 〈아수라〉는 〈감기〉의 흥행 실패로 "감독으로서 방황하던 시기"에 "초심으로 돌아가 스토리텔러로서 하고 싶은 이야기를 원 없이 자유롭게 만든" 누아르 물이다. 영화 속 주인공인 한도경(정우성)이 앞만 보고 질주하는 서사는 어쩌면 감독 김성수의 마음을 대변하는 것인지도 모르겠다. 한도경이 안남시의 크고 작은 골목길을 부유하는 장면들이 역시 골목투성이인 김성수 감독의 단편 〈비명도시〉를 떠올리게 하는 것도 꽤 의미심장하다.

〈아수라〉 각본집에 실릴 인터뷰를 요청하기 위해 오랜만에 김성수 감독에게 전화를 걸었다. 그는 신작 〈서울의 봄〉(출연 황정민, 정우성, 이성민) 후반 작업으로 바쁜 와중에도 기꺼이 시간을 내주었다. 오랜만에 만난 그의 얼굴은 무척 밝았고 여유로웠다. 김성수 감독과의 인터뷰는 서면으로 먼저 질문과 대답을 주고받은 뒤 그 문답을 바탕으로 약 2시간 동안 추가 질의를 던지는 방식으로 진행됐다.

김성훈 〈아수라〉는 개봉한 뒤 시간이 한참 지나 현실 정치에서 영화와 비슷한 상황을 마주하면서 더 회자되고 있다. 특히 지난 대선 때 많은 사람들이 이 영화를 소환하지 않았나. 이 영화의 각본을 처음 쓰기 시작했을 때 이러한 반응을 예상했었나.

김성수 전혀 예상하지 못했다. 영화가 개봉한 지 오래 지났고, 현실 정치에서 이 영화를 소환하더라도 한두 번 그러다가 말 거라 생각했다. 하지만 계속해서 내 영화가 누군가를 공격하는 '정쟁'의 도구로 악용되는 걸 보면서 마음이 힘들었다. 물론 개봉된 그 순간부터는 관객의 해석에 맡겨지는 것이 영화의 운명이지만, 유언비어가 판치는 걸 보면서 많이 속상했다. 그렇더라도 내가 뭘 어쩌겠나. 관객과 만난 영화는 이미 감독의 손을 떠난 것이기에, 내가 연출한 영화일지라도 다시 꺼내 보지 않고 아예 잊어버리고 사는 편이다. 내 의지와 무관하게 흘러가더라도 괜히 끼어들어 이러쿵저러쿵하는 것은 외려 분란을 더 키울 것도 같아 잠자코 있었다. 주변에서도 이 문제와 관련한 코멘트를 일절 하지 말라는 조언을 했지만… 마침 각본집이 나온다고 하니, 고민 끝에 이 책을 구매해 보시는 독자들께라도 분명히 이야기를 해야겠다 싶었다.

〈아수라〉는 그 어떤 실존 인물과도 연관된 바가 없다. 시나리오는 2014년에 썼지만 스토리 구상은 2007년경에 했다. 당시 일어나지도 않았던 일을 어떻게 내가 예측하고 쓸 수 있었겠나? 내 의도는 명확했다. 〈아수라〉의 주요 무대인 안남시를 〈배트맨〉 시리즈의 고담시처럼 경기도 어딘가에 존재할 법한 가상의 도시로 설정하여 내가 상상하는 범죄와 욕망의 카르텔을 그려내고자 한 것뿐이다. 이 영화가 현실 세계의 어떤 부분과 겹쳐지는 게 있다면, 영화감독으로서 내가 쏜 풍자의 화살이 운 좋게 과녁을 맞혔을 뿐이다. 근데 아이러니한 점은 개봉 당시에는 〈아수라〉 속 인물이나 상황 묘사가 말도 안 된다는 비난들이 있었다는 거다. 그런데 얼마 지나지 않아 픽션이 아니고 다큐였다고 추켜세우는 완전히 반전된 반응을 보면서…… 혼자 중얼거렸다. "참 인간들이 싫어요."[1]

1 〈아수라〉 속 한도경의 대사

김성훈 그런 속상한 마음과 무관하게 많은 관객이 이 영화를 끊임없이 소환하는 건 그만큼 영화가 풍자하는 메시지가 현실 정치를 생생하게 반영하는 까닭이 아닐까.

김성수 만들 때부터 역사적 사건이나 인물, 혹은 현실 상황을 반영하려는 의지가 뚜렷한 영화도 있다. 하지만 〈아수라〉는 그런 영화가 아니다. 장기를 두기 위해 장기판이 필요하듯 스토리텔러는 자신의 '스토리'를 그럴듯하게 '텔링'하기 위한 가상의 무대를 만든다. 영화 속에 그려진 안남시는 〈아수라〉를 보여주기 위한 극적 장치일 뿐인데, 그걸 누군가 멋대로 인용하여 "마치 감독이 현실의 누군가를 저격하기 위한 의도"였다고 떠드는 걸 보면서 참 기가 막히고 코가 막혔다. 바이러스 재난을 다뤘던 전작 〈감기〉(2013)도, 메르스와 코로나 사태 때 영화 내용과 비슷한 상황이 벌어졌지만 그냥 짧게 언급되는 정도였다. 〈감기〉도 〈아수라〉도 픽션일 뿐인데 자꾸 다큐니 뭐니 해대니 '그럼 어디 진짜 다큐 같은 영화 한 번 찍어볼까' 싶어 신작 〈서울의 봄〉[2]을 연출하고 있다. 이번에야말로 실제 역사를 스크린에 소환해서 본때를 보여줄까 하는(웃음), 암튼 〈감기〉나 〈아수라〉와는 다른 마음가짐으로 〈서울의 봄〉을 촬영했고, 지금 1차 편집 중이다.

김성훈 오리지널 각본을 직접 쓴 건 전작 〈무사〉(2001) 이후 거의 16년 만이었다. 오랜만에 직접 써보니 어땠나.

김성수 오랜만이라니! 〈무사〉 이후 수많은 오리지널 각본을 썼고, 많은 시나리오와 프로젝트에 관여했다. 컴퓨터 앞에서 거의 매일 쓰고 고치는 일이 일상이다. 〈런어웨이〉 〈태양은 없다〉 〈무사〉 〈아수라〉는 오리지널 각본이고, 〈비트〉 〈영어 완전 정복〉 〈감기〉 〈서울의 봄〉은 기존 시나리오가 있거나 원작이 있었다. 내 경우엔 오리지널보다 각색이 훨씬 어렵고 시간이

2 1970년대 말 한국을 뒤흔든 거대한 사건을 그리는 이야기

걸린다. 물론 〈무사〉와 〈아수라〉 사이에 한국예술종합학교 영상원에서 잠시 교수 생활도 하고, 중국에 가서 영화사를 차려 중국 영화도 제작했다.

한국 영화 산업에서 영화감독이자 제작자로서 살아온 삶의 궤적 혹은 선택들과는 별개로, 구상만 해두었던 〈아수라〉를 갑자기 쓰게 된 계기가 있다. 2013년 〈감기〉 개봉 후 스스로에게 크게 낙담한 상태였다. 〈감기〉 같은 탁월한 기획물을 잘 살려내지 못했다는 자책감이 컸다. 기획 단계에서, 내가 의욕적으로 각색한 〈감기〉의 시나리오를 투자사가 싫어했다. 그 버전은 분당에 사는 어느 부부의 시선으로만 따라가는 재난 스토리였는데, 투자사는 내가 고친 시나리오를 고집하면 투자를 철회하겠다며 등을 돌렸다. 그 뒤로 이영종 작가가 급하게 각색한 시나리오로 투자 승인을 받았고 가까스로 제작에 들어갈 수 있었다. 하지만 내가 원하는 전개가 아니었기에 마음속으로 머뭇거림이 있었다. 그래서 영화를 찍는 동안 스스로에게 최면을 걸었다. 숙련된 연출자라면 어떤 의견도 다 수용하여 영화에 잘 녹여낼 수 있어야 한다고! 그러나 결과물은 감독에게 쏟아지는 각양각색의 의견을 영화에 우격다짐으로 구겨 넣는 '줏대 없는 연출'을 보여줬을 뿐이었다.

그렇게 시작한 게 〈아수라〉였다. 어쨌거나 이제 나이도 먹었고, 감독으로도 소위 말년 병장이라, 성공에 대한 욕망이나 흥행에 대한 집착보다는 내가 좋아하는 영화, 남들에게 손가락질을 덜 받는 영화를 만들어보고 싶었다. 나 자신과의 싸움이자, 스스로 억눌린 마음을 치유하는 과정에서 출발한 프로젝트인 셈이다. 제작 과정에서 누구의 의견도 듣지 않고 내 고집대로 만들었다. 그래서일까, 관객과의 소통 의지가 한참 모자라는 편협한 영화로 만들어진 느낌이다. 그렇지만 한편으로는 〈아수라〉를 쓰던 2014년이야말로 내 인생에서 가장 행복한 시절이었다. 흥행적 계산이나 비평, 관객 평가 같은 외부 시선에 아예 얽매이지 않고 자유롭게 쓰는, 혼자만의 쾌감을 즐겼다. 그렇게 완성한 〈아수라〉에는 시나리오를 쓸 때도 그랬지만 개봉한 뒤에도 마음속에 미련이 하나도 남지 않았다. 물론 영화의 완성도에 대한 아쉬움은 있다. 충무로 최고의 스태프와 배우들이 참여했으니 진짜 잘 만들었어야 했는데, 그렇게 하지 못했구나 하는… 하지만, 최선을 다했고, 내 마음 가는 대로 영화를 찍으면서 내가 이 정도 수준의 감독이구나, 이런 서사를 좋아하는구나 같은 것을 확인할 수 있었다. 오랜만에 열심히 운동하고 체중계에 올라가는 그런

기분이었달까.

사실 모든 영화감독이나 작가나 영화계에 종사하는 사람들은 모두 이야기꾼의 욕망을 품고 있다. 그런데 영화계에 오래 몸담고 있을수록 영화 외적인 것들을 자꾸 뒤돌아보면서 기획을 하거나 시나리오를 쓰게 된다. 오만 가지 생각을 하면서 영화를 구상하면 더 좋은 영화가 되는 게 아니라 더 못난 영화가 나오게 된다. 나 역시 영화판에 장기 체류하면서 갈 길을 잃고 정신적으로 황폐한 시기를 마주하게 되었고, 그 어지러운 시절에 무언가 돌파구를 찾으려고 〈아수라〉를 쓰기 시작한 것 같다. 어쩌면 어딘가 먼 데로 도망가기 위해서 오히려 나의 가장 안쪽으로 돌진해갔던 영화다. 그래서 나 스스로도 다시 꺼내 보기 힘든 영화가 된 측면도 있다. 영화 일을 하지 않는 내 주변의 '일반 관객'은 〈아수라〉를 내가 만든 영화 중에 가장 싫어하는 영화로 꼽는다. "이제 그런 폭력적인 영화는 좀 찍지 마라"고 말할 정도니까. (웃음)

김성훈 앞서 언급했듯이 나비픽처스 대표, 그러니까 프로듀서이기도 했었는데, 제작자로서 〈아수라〉 시나리오를 만났을 때 제작 결정을 할 수 있을까.

김성수 절대로 안 하겠지. (웃음) 영화를 계속 만들고, 영화계에 오래 버티고 있으면 영화에 대한 이해가 깊어질 줄 알았다. 그런데 전혀 그렇지 않더라고. 매번 더 어렵고, 더 모르겠더라. 패션이나 음악이 끊임없이 다른 색깔로 변하듯 영화 역시 유행에 무척 민감하다. 대중의 취향에 따라 서사의 패턴이나 스타일이 새롭게 변화하는지라, 스토리텔러로서 어떤 이야기를 어떤 방식으로 해야 할지 고민할 수밖에 없다. 게다가 '감독으로서 시나리오 쓰기'는 이야기를 구축하는 동시에 그것을 현실 세계처럼 시각화하는 과제까지 안고 있다. 장르가 무엇이든 판타지든 아니든 일단 관객의 눈에 영화 속 세계가 그럴듯해야 한다. 이를테면 하나의 있음 직한 세계를 창조하는 일이기 때문에 자신이 묘사하려는 대상에 대해 공부하고 경험과 자신감도 가져야 하는데, 글을 써 내려가며 상상하다 보면... 내내 이게 맞나? 이래도 되나? 관객이 순순히 받아들일까?를 끊임없이 반문한다. 그런 조심스러운 의구심과 자유분방한 상상력 사이의 긴장감이 팽팽해질수록 영화는 현실감을 조금씩 찾아간다.

그런 맥락에서 보자면 〈아수라〉는 내 영화들 가운데 비교적 남의 눈치를 보지 않고 내가 하고픈 대로 마구 휘갈긴 시나리오였다. 쓰면서 뭔가 속을 다 게워낸, 소원풀이하는 느낌이었다. 써 놓고 보니까 좀 괜찮은 거 같아서 주변에 보여줬다.

김성훈 〈아수라〉 시나리오를 본 동료 영화인들의 반응은 어땠나.

김성수 캐릭터와 대사는 좋은데 영화로 만들어지긴 어렵다는 반응들이었다. (웃음) "형, 이거 제작이 되겠어?"라는 반응이 나오면 그 앞에선 반발심으로 "왜 못해?" 그러고. 속으로는 나 또한 고개를 끄덕이며 '맞아, 누가 이런 걸 만들겠냐' 그러고. 어떻게 해서든 〈아수라〉를 만들겠다는 마음이 간절했지만, 현실적으로 나처럼 노회한 감독이 이런 비상업적 시나리오를 들고 어떤 제작자를 찾아갈 수 있나 싶었다. 그때, 한재덕 사나이픽처스 대표가 시나리오가 재밌다고 하더라. "진짜 재밌냐"고 물었더니 한 대표가 "난 좋은데요" 그러더라. 속으로 '이 사람 제정신인가' 싶으면서도 그 말이 정말로 고마웠다. 한 대표에게 "그럼 이거 시나리오대로 만들 거야" 했더니 "예. 이대로 만들어야죠"라고 하더라. 그런데 막상 제작에 들어가려고 하자 한 대표조차 난감한 표정을 지었다. "나는 이런 엔딩이 좋은데, 투자사나 주변에서 다 죽는 건 절대로 안 되니 한 명이라도 살려야 한다"고 강력히 요청한다고 했다. 다 죽는 영화를 누가 보냐, 주인공 가운데 한 명은 살려야 투자가 확정될 거라 했다. 결국 한 명을 살리기로 마음먹고 보니 〈아수라〉는 한도경(정우성)의 죽음에 관한 이야기이니 한도경을 살리는 건 말이 안 되는 것 같고, 박성배(황정민), 문선모(주지훈), 김차인(곽도원), 도창학(정만식) 등 주요 인물을 살리는 버전을 각기 다르게 썼다. 엔딩이 다른 여러 버전이 나왔고, 그렇게 투자를 받아 촬영을 시작할 수 있었다.

영화의 마지막인 장례식장 시퀀스는 맨 마지막에 찍기로 하고 앞 장면부터 찍어나갔다. 결말이 다가올수록 등장인물을 다 죽여야 하는데, 그중에 하나를 살리는 시나리오를 손에 쥐고 있자니 답답하고 속상했다. 그러던 어느 날, 촬영장을 찾아온 한재덕 대표가 "감독님, 죄송합니다. 그동안 힘드셨을 텐데 원하시는 대로 다 죽이시라"고 얘기해주었다. 그 말을 듣고 너무 기분이 좋았다. 행복에 겨워 등장인물을 싸그리 다 죽였다.

김성훈 안남시 전경으로 시작하는 오프닝 시퀀스를 포함해 〈아수라〉 속 많은 골목들을 보니 '골목 영화'였던 단편 〈비명도시〉[3] 가 생각나기도 했다. 시나리오를 쓰면서 〈비명도시〉가 떠오르진 않았나.

김성수 〈아수라〉에 잠깐 출연한 황병국 감독은 어릴 적부터 알고 지낸 동료다. 촬영 중간에 황 감독이 내 숙소에 와서 현장 편집본을 보더니 "형, 이거 〈비명도시〉랑 똑같네!" 하는 거다. 그때 깜짝 놀랐다. 돌고 돌아 결국 이십여 년 전으로 되돌아왔구나…… 오랜 세월 열심히 영화 공부도 하고 연출도 제법 했는데, 아직도 그때 그 자리네! 뭔가 아득하고 허무한 기분을 맛봤다. 과장되게 말하면, 〈아수라〉의 안남시는 결국 '비명도시'였던 것이다. 침침한 골목이 끝없이 이어지는 퇴락한 도시의 귀퉁이에서 누군가의 비명소리가 들려온다. 우연히 목격한 폭력 상황에 대해 나하고는 상관없어! 외면하지만…… 어느새 자신도 그 폭력의 먹이 사슬에 휘말려 가해자로 전락하고, 마침내 피해자가 쓰러졌던 자리에 똑같이 드러눕는 이야기. 민망하리만치 촌스러운 상징이고, 뻔하디뻔한 내용의 단편 영화를 스스로 재탕해 먹다니! 게다가 〈아수라〉의 촬영감독 이모개는 〈비명도시〉의 촬영감독인 김형구의 제자이고, 조명감독 이성환은 고 이강산의 제자이고, 미술감독 장근영은 이현승 감독(〈비명도시〉 미술감독)의 미대 후배다. 기묘한 대물림이 발생한 것이다.

김성훈 전작을 통틀어 필름 누아르 장르는 처음이 아닌가. 물론 장편 데뷔작인 〈런어웨이〉 또한 필름 누아르 물이 어느 정도 섞인 영화였긴 했지만 말이다. 처음 도전하는 장르에 대한 걱정도 있었겠지만, 그보다는 기대가 더 컸을 것 같다. 시나리오를 쓰던 당시 특별히 좋아하거나 즐겨봤던 필름 누아르 영화가 무엇인가.

3 1993, 김성수 감독의 단편영화로 당시로서는 파격적으로 35mm 필름으로 찍었다. 김형구 촬영감독과 이강산 조명감독 콤비가 촬영과 조명을 각각 맡았다.

김성수 필름 누아르 광은 아니지만 유명한 누아르 영화들은 좋아한다. 하지만 시나리오를 쓸 때 참고 영화를 찾아보거나 비슷한 장르, 내용의 영화를 가급적 보지 않는다. 근사한 영화를 보고 나면, 나는 고작 이따위 글이나 쓰고 있나! 하는 자괴감이 들기 때문이다. 〈감기〉 개봉 직후인 2013년 말에서 2014년 초에 영화, 드라마를 집중적으로 보긴 했다. 그 시기엔 사람들을 만나고 싶지 않았고, 혼자 시간을 보내는 방법이라곤 영화나 미드 보기밖에 모르니까 그랬다. 평소엔 새로운 작품 위주로 보긴 하는데 이따금 좋아하는 옛날 영화들을 꺼내 보기도 한다. 〈철십자 훈장〉(1977, 감독 샘 페킨파) 〈와일드 번치〉(1969, 감독 샘 페킨파) 〈사무라이 반란〉(1967, 감독 고바야시 마사키) 〈공포의 보수〉 (1953, 감독 앙리조르주 클루조) 등이 떠오른다. 내 데뷔작 〈런어웨이〉는 도시를 배경으로 한 범죄 누아르를 흉내 냈었던 것 같다. 그때 하도 악평을 받아서 다시는 범죄 누아르를 안 하겠노라 다짐했는데 〈아수라〉로 다시 용기를 낸 측면은 있다. 의도적으로 필름 누아르에 도전했다기보다 스토리 구상을 오래전에 했던 거라, '〈비명도시〉 짝퉁'인지도 모른 채, 좋아하는 누아르 형식을 차용했다는 게 더 정확하다. 옛날 누아르 영화들이 내 기억 속에 잔뜩 녹아 있을 테니 그중에 어떤 요소가 〈아수라〉에 침투했는지는 잘 모르겠다.

김성훈 가장 좋아하는, 그리고 아수리언들에게 추천하는 누아르 영화 한 편을 꼽는다면 무엇일까?

김성수 영화를 남에게 추천하기란 쉽지 않다. 내 취향이 그리 '범민족적'이지 못하기 때문이다. 소위 아수리언이라는 분들 가운데 몇 분을 만난 적이 있는데, 그분들은 나와 취향이 같은 게 아니라 뭔가 기존 문법과 다른 영화, 새로운 표현 양식에 민감한 전위적인 예술 감각을 가진 분들이었다. 그래서 아수리언은 어떤 경향성이나 범주로 밀어 넣을 수 있는 관객들이 아니라고 생각한다. 솔직히 말하면 나처럼 늙은 세대는 요즘 관객 취향과 상당히 멀어졌다. 어느덧 남에게 추천하기보다는 누군가의 추천이 필요한 사람이 되었다. 그럼에도 굳이 영화 몇 편을 나열하자면, 누아르 영화로 분류되지 않지만, 〈공포의 보수〉(1953, 감독 앙리조르주 클루조) 〈시에라 마드레의 황금〉(1948, 감독 존 휴스턴) 〈지푸라기 개〉[4](1971, 감독 샘 페킨파)

4 한국 개봉 제목은 〈어둠의 표적〉.

〈글로리아〉(1980, 감독 존 카사베츠) 〈오발탄〉 〈리피피〉 (1955, 감독 줄스 다신) 등이 있다. 적극 권하진 않겠지만 한 번 속는 셈 치고 보시면, 후회는 하지 않을 영화들이다.

김성훈 원래 제목은 〈반성〉이었다. 영화 속 아수라판과 톤이 상반된 느낌이다.

김성수 왜 사람들이 〈반성〉이라는 제목을 싫어하는지 모르겠다. 사나이픽처스 한재덕 대표가 극렬하게 반대하지 않았다면 그냥 반성으로 했을 거다. 초기 시나리오 가운데 한 편의 첫 내레이션이 "세상엔 두 가지 인간이 있다. 하나는 죄악을 저지르고 반성하는 인간. 다른 하나는 전혀 반성할 줄 모르는 인간이다"였다. 그래서 〈반성〉으로 했다. 소위 잘난 인간들은 신념이 너무 강하다. 우리는 강한 신념을 가져야 하고, 또 그 신념을 향해 질주해야 한다고 배운다. 그리고 그렇게 하는 사람들이 성공한다고 믿는다. 사람들은 대부분 자신이 옳다고 생각하지 않나. 하지만 가장 신념이 강한 사람조차 자신의 의지와 상관없이 결과적으로 자신이 살고 있는 세상을 떠받치며 살아가는 것 같다. 나도 그랬고, 그러고 있으니까. 한도경(정우성)이라는 캐릭터를 설정한 것도 '난 잘하고 있고, 문제도 없고, 얼마든지 내게 주어진 상황을 나름 잘 헤쳐 나갈 수 있다'고 스스로 확신하는 한 인간이 사실은 안남시라는 사악한 세상을 안간힘을 써 가며 낑낑거리며 떠받고 있는 하나의 받침돌에 지나지 않다는 걸 보여주고 싶었다. 자신을 포함해 모두가 한꺼번에 무너져야만 이 세계가 와해될 수 있는데 그게 해결이 안 되니 '이생망', 이번 생은 망한 거다.

다시 돌아가서, 제목을 정하는 자리에서 나는 '반성'을 고집했고 한 대표는 '지옥'을 강력하게 주장하며 서로 의견을 굽히지 않았다. 그러다 한 대표가 지나가는 말로 "(황)정민 씨는 책(시나리오)을 읽고 이거 완전 아수라판이네, 하던데요" 했다. 그때 내가 "그럼 반성, 지옥 다 집어치우고, 차라리 아수라로 하는 건 어때?"라고 내뱉었는데, 한 대표가 눈을 반짝이며 좋습니다! 했다. '황정민 사랑'으로 유명한 한 대표가 배우 황정민의 코멘트에서 제목을 인용하니까 내심 반겼을 거로 생각한다. 물론 나 역시 동의했다. 이유는 '지옥'으로 정하는 게 죽기보다 싫었으니까. 〈아수라〉가 제목으론 직접적이긴 하지, 그치만 〈지옥〉은 너무 직접적이라서.

김성훈 시나리오에는 이야기의 무대인 안남시에 대한 구체적인 묘사가 따로 표기되어 있진 않다. 안남시를 어떤 풍경을 가진 도시로 묘사하고 싶었나.

김성수 '안남시'라는 설정은 〈아수라〉 스토리를 위한 필요충분조건이었다. 어디서나 벌어질 수 있는 보편적인 이야기는 아니니, 필름 누아르 장르를 펼쳐내기 위해서 안남시라는 가상의 공간을 이야기의 울타리로 만들어야 한다고 생각했다. 그래서 영화의 무대가 되는 안남시가 어떤 도시인지, 어떤 모습인지 많은 시간을 할애해 고민했다. 장근영 미술감독과 함께 이 도시는 어떤 종류의 사람들이 살고 있는지, 어떤 구조와 색감을 가지고 있는지 마치 세밀한 관광지도처럼 만들어서 시나리오의 어떤 대목에서도 한도경이 어디에 있는지, 어떤 방향으로 움직이는지 알 수 있게 했다.

맨 처음 함께했던 이모개 촬영감독, 장근영 미술감독, 이성환 조명감독에 더해 점차 다른 스태프들이 합류하자 그들이 '안남시는 가상의 도시지만, 그래도 어딘가에 있는 도시일 거 아닌가'라는 질문을 하더라. 안남시는 경기도 어딘가에 위치한 낙후된, 오래전에 만들어진 도시, 그리고 지금 재개발의 열풍이 세차게 불고 있고, 하이에나들이 달려들어 이권을 쟁취하려는, 인구 50만의 도시를 떠올리라고 말해주었다. 이런 성격의 공간은 1950~1960년대 필름 누아르 장르에서 많이 등장하지 않나. 2차대전이나 그런 끔찍한 일들을 집단적으로 체험한 사람들에게 세상은 어둡게 느껴질 수밖에 없다. 안남시를 출구 없는 어둠의 세상으로 그려내고 그 세상에 갇혀 있는 인간은 파멸할 수밖에 없다는 대전제를 가지고 〈아수라〉를 만들었다. 다만 '안남시의 어둠'을 표현할 때 유흥가 골목, 한강 둔치, 고가도로 아래, 룸살롱, 회장님 사무실 등 관습적인 공간은 시나리오에서 걷어냈다. 김차인 검사가 한도경을 꼬드기는 시퀀스의 경우가 그렇다. 보통 검사가 작전을 짜는 공간은 주로 자신의 차로 부르거나 검사 사무실이나 룸이 있는 술집에서 둘이서 앉아 대화를 나누지 않나. 아니면 인물 둘이 한강 둔치에 딱 서서 거래를 하거나. 특히 이 한강 둔치가 한국 범죄 영화들이 가장 많이 보여주는 장면이다. 하지만 장근영 미술감독과 고민한 것은, 안남시는 외국인 노동자들이 많은 동네이며, 그렇다면 독거노인들도 많이 살 테니, '외국인 노동자가 오가고 노인이 집 앞에 앉아 있는 후미진 거리'라는 그림을 만든 뒤 그 속에서 한도경과 김차인이 아무렇지 않게 걸으며 대화를 나누게 한다는 것이었다. 오히려 그쪽이 은밀한 효과가 나지 않을까 싶었다. 타당성이 부여되었으면서도 관습적이지 않은 공간을 만든 것이다. 검찰이 안남시에 차리는 작전 본부도, 많은 영화들이 호텔이나 빈 사무실을 빌리는 설정들을 활용하는데, 〈아수라〉 속 공간은 재개발 지역이니 빈집을 골랐을 거라고 설정했다. 검찰이 한 달만 빌려 쓰겠다고 해도 말도 못 하고 내줄 수밖에 없는 범죄자들이 쓰던 빈집이었을 것이다. 밀수 범죄를 저질렀던 사람이 이전에 거기 머물렀던 흔적이 남았을 것인데, 처음엔 파키스탄인일 수도 있고 그 뒤엔 러시아인 등이 머물러서, 이곳을 거쳐 간 다국적 삶들의 흔적이 남아있다고 상상했다.

그런 식으로 〈아수라〉의 주요 공간마다 서사를 만들어갔고 그렇게 설계된 공간을 가능한 비좁게 만들어 찍었다. 배우들이 "감독님, 여기 움직이기도 힘든데 박스 소품까지 통로에 갖다 놨냐"고 볼멘소리 했을 정도니까. 보통 영화는 카메라, 조명 세팅 때문에 영화 속 공간보다 조금 더 넓은 곳을 넉넉하게 세팅하여 찍는데, 〈아수라〉는 반대로 더 좁게 세팅해서 찍었다. 비좁은 공간에서 인물들끼리 동선이 부딪치고 충돌하면서 더 격한 갈등을 유발하려는 목적으로 설계했다. 전형적인 카메라 앵글과 조명 설계, 관습적인 연기자 동선을 파괴하고 싶었는데 그래야만 '비전형적인 앵글/불편한 연기 동선/진짜 같은 조명 조건'을 만들 수 있다고 생각했다. 이런 방식으로 장근영 미술감독, 이모개 촬영감독, 이성환 조명감독과 함께 이야기를 나누면서 재미있는 공간을 만들어갔다.

김성훈 영화의 오프닝 시퀀스는 안남시에 대한 첫인상을 보여준다는 점에서 인상적이었다. 한남동 구시가지 언덕의 주택가를 부감으로 담아냈는데.

김성수 '세월이 담긴 공간만큼 뛰어난 미술은 없다'는 게 영화미술에 대한 내 지론이다. 그래서 안남시를 떠올리면서 70년대부터 지금까지 오랜 풍파를 견뎌내며 켜켜이 나이테를 쌓아 온 낡은 공간들 위주로 찾아다녔다. 한남동, 이태원에는 아직도 과거를 머금은 풍경과 골목들이 남아 있다. 청소년, 청년기를 거기서 보냈고, 당시 사나이픽처스도 한남동에 있었기에 자연스럽게 주변을 돌아다녔고, 그러다가 영화 도입부의 드론 샷으로 발전한 것이다.

그런 의미에서 안남시는 대한민국이다. 내가 보고 경험했던 대로 말하자면, 힘없는 보통 사람들은 늘 권력자의 잔칫상 언저리에서 입맛만 다시는 '쫄따구'와 '병풍' 노릇을 하면서 살아왔다. 악당들 뒤치다꺼리나 하다 보니 어느덧 세월이 무정하게 흘러갔고, 이제는 하루하루 살기도 버거운 중년이 되고 말았다. 평생을 잔머리나 굴리고 필사적으로 눈치만 보고 살았지만 단 한 번도 잭팟을 터뜨리지 못한, 나 자신을 포함해 우리 시대의 고달픈 사내들이 아등바등 살아가는 곳이 안남시다. 1970년대부터 2000년대, 우리 세대가 건너온 격동의 시절에는 언제나 재개발의 바람이 솔솔 불었다. 택지 개발, 대단지 아파트, 쇼핑센터, 그린벨트 해제, 공공인프라 건설 등. 정치인들이 내건 마스터플랜에는 늘 소시민을 위한 천국이 그려져 있었지만, 재개발의 떡고물은 서로 짜고 치는 고스톱판에서 정보를 독점하고 권력을 움켜쥔 자들의 몫이었다. '따까리'들은 '오야붕'이 시키는 대로 불법이든 뭐든 목숨 내걸고 수행하지만, 주어지는 것은 고작 머리를 쓰다듬어 주는 정도의 대가가 전부였다. 안남시가 철저하게 불평등한 곳임을 누구나 알고 있다. 하지만, 알면서도 남에게 뒤처지기 싫어 결국엔 모두 올라탈 수밖에 없는 욕망의 익스프레스! 그 탐욕의 급행열차가 달려가는 종착지가 바로 안남시다!

김성훈 도경, 선모 같은 경찰이나 김차인, 도창학 같은 검찰 쪽 라인이나, 박성배 같은 인물들의 대사를 보면 굉장히 생생하다. 개봉 전, 여러 매체와 진행했던 인터뷰에서 취재를 꽤 많이 했다고 밝혔는데, 〈아수라〉 시나리오를 쓰는 과정에서 진행했던 취재는 어떤 부분에 집중했는지 궁금하다.

김성수 베테랑 형사 두 분에게 굉장히 많은 도움을 받았다. 검찰 출신 변호사분도 만나봤고, 어릴 적 친구 중에 지방 도시에서 시행하는 대규모 지역 개발이나 택지 개발에 관여했던 거물(?)이 있는데, 그 친구가 경남 지역에서 있었던 자기 경험담을 들려줬다. 지자체에서 대규모 재개발이나 거대한 토목 공사를 하게 되면 어떤 방식의 이권 다툼이 있고 서로 무섭게 충돌하던 권력 집단이 어떤 방식으로 스리슬쩍 타협하는지,

무슨 이득을 어떻게 나누는가에 관한 뒷얘기를 들려줬다. 안남시의 권력 투쟁이 스토리의 배경이기 때문에 그런 쪽을 좀 안다 싶은 주변 사람에게 질문하고 다녔다. 그런데 대한민국 사람이면 누구나 재개발 관련 루머, 내막 한두 가지는 어느 정도 알고 있다 보니, 특정 사건에 관한 심도 깊은 취재나 특정 지역에 관한 조사에 집중한 건 아니다. 주요 인물들의 대사에는 내 옛날 친구들 말투가 짙게 배어 있다. 나름 거칠게 살아온 친구들인데 말끝에 찰지게 달라붙는 욕이 구수하고 톡톡 쏘는 맛이 있다. 참, 태병조 역할을 연기한 김해곤 감독의 전라도 사투리는 김 감독이 시나리오를 기초로 하여 직접 만들어 온 것이다. 모진 풍파를 겪은 사내들이 쏟아내는 질펀한 대사에 관한 한 대한민국에서 김해곤 감독을 따라올 작가는 없다. 그가 연출했던 〈연애, 그 참을 수 없는 가벼움〉(2006)을 정말로 좋아한다! 하루빨리 김 감독의 펄펄 끓는 차기작을 보고 싶다.

김성훈 도경, 선모는 경찰이고, 김차인, 도창학은 검찰이며, 박성배는 시장이다. 제각기 다른 이 캐릭터들의 공통점은 모두 공무원이라는 사실인데. 의도적으로 설정한 건지, 아니면 설정하다 보니 우연히 그렇게 된 건지 궁금하다.

김성수 범죄 영화에는 거대 악, 또는 무자비한 악당이 존재해야 하지 않나. 주인공인 한도경을 악당의 하수인으로 만들자면, 어쨌거나 어둠의 세계를 움직이는 우두머리가 있어야 했다. 아무리 안남시가 시공간을 초월한 가상의 공간이라고 해도 대한민국에 있음 직하고, 내가 경험한 세계를 토대로 실체를 구축해야 했다. 그런 전제를 두고 '이 시대의 악당은 누구지?'라고 자문했을 때, 나는 오래전부터 한국 사회의 진정한 악당은 '유흥가의 폭력 조직과 미치광이 범죄자(범죄 누아르의 단골손님들)'가 아니라고 생각했다. 일반인이나 깡패가 저지르는 범죄는, 물론 아주 엽기적인 살인 같은 걸 제외하면, 권력자가 저지르는 범죄에 비하면 그야말로 새 발의 피다. 현실에서 권력을 쥐락펴락하고 멋대로 법 위에 군림하는 누군가가 있다면, 그는 틀림없이 정치인, 위정자일 거로 생각했다. 김해곤 감독이 연기한 태병조 캐릭터도 악당이지만 박성배 시장에 비하면 전혀 무섭지 않고 귀엽기까지 하잖나. 그들도 이용당하는 쪽이니까. 부패한 안남시를 좌지우지하는 통치자가 악의 근원이라고 설정했다. 거대 악의 눈치를 보면서 떡고물이나 받아먹으며 기생하는 범죄 조직이 어떻게 그 세계 전체를 뒤흔들 수 있나? 그건 말이 안 된다.

김성훈 그 같은 문제의식은 이미 전작 〈감기〉에서도 다룬 바 있지 않나. 재난 상황에서 정치인들의 이해관계에 따라 국민들의 안전이 좌우된다는 영화의 메시지는 끔찍했다.

김성수 국민들은 준법정신에 입각해서 성실하게 살아간다. 하지만 권력자나 정치인은 법을 준수하기는커녕 밥 먹듯이 불법을 자행하고 그 결과마저 제 마음대로 해석한다. 내 평생 봐왔던 정치인 중에 국가나 사회를 올바른 방향으로 이끌어갔던 사람이 있었던가에 대해 항상 의구심을 품었는데, 그게 현실 정치를 바라보는 한국인의 딜레마가 아닐까 싶다. 〈아수라〉의 박성배 시장은 과장되게 묘사되었다 뿐이지 아직도 한국에 많은 유형이고, 앞으로도 '박성배스러운 인간들'이 보란 듯이 당선될 것이다. 유사 박성배들이 등장하여 자기를 당선시켜주면 젖과 꿀이 흐르는 낙원으로 여러분을 안내하겠다고 떠들면 누가 안 넘어갈 수 있을까. 아직도 사람들은 재개발, 이권의 돈벼락이 자신에게만 쏟아지지 않았다고 한탄한다. 머지않아, 조만간! 자신도 로또를 맞을 수 있다는 헛된 대박의 꿈을 품고 살아가므로, 유사 박성배들에게 계속 이용당할 것이다.

김성훈 멀리서 들리는 소리나 인물이 꿍얼거리듯 말하는 부분을 시나리오에 실제로 작은 폰트로 작성해 두셨는데, 읽는 입장에서 상당히 재밌다. 간단한 장치지만 장면이 머릿속에서 그려지는 효과가 나는데, 이렇게 쓰시는 이유 혹은 재미에 관해 얘기해주신다면.

김성수 아마도 심산 작가와 함께 〈태양은 없다〉 시나리오를 쓸 때부터 그렇게 했던 것 같다. 박광수 감독님이 연출한 영화 〈그들도 우리처럼〉(1990)의 연출부를 하면서 시나리오를 처음 썼다. 감독님이 쓰라고 불러주는 대로 썼던 시나리오지만, 그 작품 덕분에 처음으로 시나리오 작가 타이틀을 얻게 됐다. 시나리오를 처음 배울 때만 해도 어떤 형식대로 써야 한다는 가이드라인이 업계에서 통용되고 있었는데, 〈태양은 없다〉 시나리오를 쓸 때는 나름 형식에 변화를 주었다. 처음 〈태양은 없다〉 시나리오를 써서 사람들에게 돌리니 "내용도 없고, 쓸데없는 농담이나 주고받기나 하고, 신끼리 연결도 안 되는데 왜 이런 걸 썼냐"는 반응들이었다. '김성수가 〈비트〉로 성공하더니 제멋대로 영화를 찍는구나'라는 얘기가 주변에서 돌 정도였다. 그런데, 그해 〈태양은 없다〉 시나리오가 제35회 백상예술대상에서 시나리오 상을 받은 거다. 나 자신도 어이가 없어 주최 측에 "상을 왜 줬냐"고 물어보니 '글이 새로웠다'고 하더라. 그전에는 캐릭터 묘사나 대사를 정확하고 도드라지게 썼는데, 그 무렵부터 한국영화에도 '진짜 같고 있음 직한 묘사 방식과 현실적인 대사'들이 스며들고 있었다. 예전에는 사랑을 고백하는 시퀀스에서 '난 널 사랑해'라고 강조해 썼지만, 어느 때부터인가 시나리오에서 주인공이 누군가를 사랑할 때 사랑한다는 말을 쓰지 않는 것 같았다. 그럼에도 여전히 영화 속 대사는 의미가 명확하고, 잘 다듬어진 문장들로 이루어진다. 하지만 현실에서의 대화란 대부분 뭉개져 웅얼대는, 문법에도 맞지 않게 중얼거리는 말들의 향연이다. 영화 속의 명료한 대사는 흘날리는 주변 대사들과 함께 공존해야만 진짜 대화처럼 들린다고 생각한다. 그런 의미에서 작은 폰트의 대사들은 현장에서 장면의 분위기를 표현하는 연출 메모에 가깝다. 시나리오를 읽을 사람들은 대부분 배우와 스태프기 때문에 그런 의도를 알아줬으면 해서 그렇게 쓴다. 주변부 대사나 웅얼거림은 촬영 전까지 별도로 길게 정리해 두었다가 촬영 직전 콘티에 넣거나 따로 연기자들에게 배포한다. 주인공의 옆 사람들이 한참 동안 떠들도록 연출하고, 그 소리 가운데 일부가 영화 속으로 자연스럽게 들어오도록 한다. 잘 들리지 않지만, 일종의 앰비언스처럼 현장감을 만드는 방식으로 봐주면 좋겠다.

김성훈 그런 시나리오 작성법이 확실히 캐릭터를 준비하는 배우들에게는 많은 영감과 도움을 줄 것 같다.

김성수 배우들에게 주어진 대사를 본인의 입에 맞게 고쳐보라고 주문한다. 정우성은 시나리오를 원래 잘 쓰고 특히 대사를 잘 고쳐온다. 그런데 〈아수라〉에서 재미있었던 게, 황정민, 곽도원이 자신의 대사를 써온 걸 보고 깜짝 놀랐다. 대사의 내용을 고쳐온 것이 아니라 자신이 맡은 대사를 하는 중간에 들어가는 의성어와 의태어를 잔뜩 써서 가지고 온 것이다. '아이고야~, 야야야, 놔아놔아, 이기이기이기~' 같은 추임새와 행동 지문이었다. 글로 보기에는 정확한 문장으로 이뤄진 대사를 분절시키는 방해 요소처럼 보였다. 그런데 그게 핵심 대사를 정확히 전달하기 위해 연기 고수들이 터득한 일종의 자기만의 표현법이었던 것이다. 캐릭터의 대사나 행동에 잘 어울리는 어떤 소리나 행위를 양념처럼 넣으니까, 오히려 대사가 귀에 쏙쏙 들어오게 된다는 사실을 두 배우를 통해서 배웠다. 훌륭한 배우는 노련하고 지혜롭다. 자신이 내뱉어야 할 문장(대사)에 함몰되지 않고, 그 대사를 전달하기 위한 자신만의 길을 찾아가는 걸 깨달았다. 아, 정만식도 재미있었는데. 대사 세 줄을 주고 바꿔오라고 요청했는데 한 줄만 남기고 다 빼 오더라. "보통 배우들은 세 줄을 주면 다섯 줄, 여섯 줄로 늘리는데 당신은 왜 한 줄로 줄였나?"라고 물으니 만식 씨는 씨익 웃으면서 "이게 좋잖아요, 한 개 딱."이라고 대답했다. 진짜 '상남자'스러운 배우구나 싶었다.

김성훈 관객들을 중독 수준까지 몰아넣은 명대사들이 있다. 조지나뺑뺑이다, 그냥 태풍 한 번 지나가는 거야! 등의 대사이다. 이 대사들에 얽힌 비하인드 스토리가 있는지, 그리고 여전히도 사랑받는 이유가 무엇이라고 생각하시는지 궁금하다.

김성수 앞서 말한 내 어릴 적 친구들이 '조지나뺑뺑'을 입에 달고 살았다. 그래서 내겐 정겹고 그리운 욕설이다. 그걸 시나리오에 넣으니깐 한재덕 대표는 자기가 자란 동네의 시그니처 욕설 '조또로바이킹'을 들이밀었다. 그거야말로 변두리스러운 말투여서 절대로 받지 않겠다고 하니 무척 섭섭해했다. 근데 불행히도 영화팀 내에서 나의 '조지나뺑뺑'을 좋아하는 사람이 하나도 없었다. 그렇기 때문에 더 고집스럽게 사용했다. 내 맘대로 만드는 영화기 때문에, 남들이 뭐라 하든 내 취향을 새겨 넣으면 된다고 생각했다. 근데 지금 다시 쓴다면 그 욕설은 바꿨을 것 같다. 어감이 좀 상스럽다.

김성훈 대사 쓰는데 가장 힘들었던 점은 무엇인지. 혹시 욕설인가. (웃음)

김성수 욕설은 그다지 힘들지 않다. 다만 요즘 젊은 사람들이 툭툭 내뱉는 리얼한 현실 토크, 그리고 중의적인 의미를 갖는 '고급스럽고 문학적인 다이얼로그'를 쓰지 못한다. 그건 내가 나이가 들었고, 또 문학적 교양이 모자라기 때문이다. 앞으로는 좋은 작가들과 함께 일할 생각이다. 대사 쓰는 일이 한계에 봉착했다.

김성훈 시나리오에는 영화보다 한도경(정우성)의 내레이션이 훨씬 많다. 한도경의 내레이션은 극 중에서 이야기의 배경을 설명해주기도 하고, 중대한 기로에서는 도경의 심리를 직접적으로 드러내 주는 중요한 역할을 하는데. 시나리오를 보니 영화에서 내레이션이 많이 잘라낸 것 같던데.

김성수 처음 시나리오에는 대사보다 도경의 내레이션이 더 많았다. 영화를 한도경의 시니컬한 자기 반성문처럼 만들고 싶었다. 눈만 뜨면 눈치나 보고 잔머리만 핑핑 굴리던 어느 경찰이 죽어가면서 왜 자신이 죽음으로 전락했는가를 스스로 돌이켜 보는 내용이었다. 이러니까 문득 〈선셋 대로〉(1950, 감독 빌리 와일더)가 떠오른다! 〈아수라〉에서 한도경의 내레이션이 왜 중요하냐면, 내레이션이야말로 관객에게 직접 얘기하는 영화의 속내니까. 〈아수라〉 속 인물들은 하나같이 거짓말만 떠벌이면서 하나 마나 한 소리만 한다고 생각했다. 복덕방에 앉아있으면 '저 아저씨들이 하는 얘기 중에 진짜가 있나'라는 생각을 할 때 있지 않나. 〈아수라〉의 모든 등장인물들이 서로 간 보고, 떠보고, 협박하고, 허세와 허풍을 부리는 상황에서 한도경의 내면 소리로만 쭉 가고 싶었다. 그런데 시나리오를 읽은 모든 사람이 촌스러운 옛날 영화 같다고 싫어했다. 사실 〈비트〉 〈태양은 없다〉 시나리오도 내레이션이 꽤 많았는데, 나중에 최종에서 대부분 뺐다. 어쨌거나 나중에 내 맘대로 넣을 거니까 신경들 끄라면서 무시했는데…… 촬영하면서 한도경 외에 다른 인물들이 꽤 중요하게 부각되는 바람에 후반 작업을 하면서는 내레이션 방식에 대한 저항이 의외로 많았다. 내레이션 애호가인 내 취향대로 처음부터 끝까지 밀어붙이고 싶었지만, 최소한의 흥행을 위해 통 크게 양보했다.

김성훈 개봉 당시 〈씨네21〉에서 마련한 오승욱 감독과의 대담에 오승욱 감독이 '〈아수라〉는 남자들의 눈싸움 영화'라는 표현을 쓰지 않았나. 물론 각각의 관계에서 위치한 배우들이 시나리오에 표기된 지문 이상의 연기를 보여주기도 했지만, 시나리오를 보니 '빤히 쳐다보는', '눈을 뜨는', '(말하려다 찡그리는)' 같은 눈 움직임과 관련한 지문들이 많았다. 이런 걸 보면 애초에 시나리오를 쓸 때부터 인물들 간의 시선을 중점적으로 표현해야겠다고 생각한 것 같다.

김성수 오승욱 감독은 영화도 잘 만들지만 평론가로도 초절정 고수다. 이따금 영화는 물론 음악 등 다른 분야 창작물에 대해 평가를 하는 걸 듣고 있으면 비평으로 작품을 '재탄생'시키는 느낌까지 든다. '아수라식 눈싸움'이란 1970~90년대를 관통해 온 한국 남자들에겐 일상생활이다. 30년 가까이 지속된 군사 정권에서 매스 게임을 배우듯 집단 관리 체제 아래 성장한 사내들은 어쩔 수 없이 서열 싸움에 길들여진다. 또래들이 어깨를 부딪치며 같은 레벨에서 바글거리다 보면, 무슨 수를 쓰든 내가 너보다는 위임을 증명하고자 한다. 상대가 노려본다고 해서 날마다 치고받고 싸울 수는 없는 노릇이기에 눈싸움으로 대충 끝내는 경우가 많다. 그때는 말발로, 덩치로, 패거리로, 눈깔을 희번덕거리며 어느 쪽이 진짜 터프가이인지를 증명했다. 친구들이 노상 그랬고 나 또한 그랬다. 물론 그냥 내리깔기로 마음먹고서 멍청한 힘겨루기는 포기해버렸던 친구들도 많았지만, 다른 녀석들은 어디서 누구를 만나든 시작되는 기세 싸움에 익숙해져 갔다. 요즘은 자주 듣는 말이 아니지만, 내가 어릴 적에는 "내가 딱 째려보니까 아무 말도 못 하고 가만있더라고!"를 수도 없이 들었다. 우리 부모님 세대가 해방-군정-전쟁-휴전을 시간차 공격으로 헤쳐 나오며 타향살이를 고향살이처럼 하셨으니, 토박이와 뜨내기의 기 싸움을 지겹게 경험했을 것이다. 〈아수라〉는 우리 민족 고유의 민속놀이 같은 기 싸움과 눈싸움에 전 생애를 다 바쳤을 수컷들의 이야기다. 자기가 센 놈이니 복종하라고, 날 함부로 대하지 말라고, 걔네랑 놀지 말라고, 나랑 같은 편이 되면 무조건 이긴다고 주장하는 놈들의 눈알 굴리기! 그 허세 덩어리들이 자나 깨나 으르렁거리는. 그런데 진짜 센 놈은 눈싸움 안 한다. 할 필요가 없지. 저절로 상대가 눈 깔고 굽히며 들어오니까. 〈아수라〉의 악당 대부분은 강력한 악인에게 빌붙어 연명하는 '악인 흉내자'일 뿐이다. 어떤 공동체를 타락의 길로 이끄는 악인들 무리가 있다고 가정하면, 그들의 90%는 우두머리에게 잘 보여야만 생존이 가능한 악인 모방꾼이며, 언젠가 자기도 두목처럼 성공할 거라 믿는 바보들이다. 그들은 우두머리 대신하여 모든 악행을 떠맡는다. 마치 전쟁에서 살육은 병사들이 담당하고, 전쟁을 일으킨 전쟁광은 후방의 고급 저택의 푹신한 소파에 누워 낮잠을 자는 것처럼.

김성훈 이 각본은 한도경이 황 반장을 밀어뜨리는 검찰 영상 정도를 제외하면 플래시백이 거의 등장하지 않는다. 일직선으로 질주하는 서사에서 플래시백을 활용하지 않은 특별한 이유가 무엇인지 궁금하다.

김성수 누아르나 스릴러에 플래시백의 등장은 자연스럽지만, 이제껏 내가 만든 영화들에선 플래시백을 사용하지 않았다. 〈아수라〉의 플래시백 장면도 시간을 줄이기 위해 김상범 편집 감독이 착안한 방식이라 딱 한 번 사용했을 뿐이다. 난 과거를 돌아보거나 추억에 빠져들거나 하지 않는 편이다. 잘한 일이든 못한 일이든, 지나간 것에 대한 미련을 두지 않으려 애쓴다. 실제로도 과거의 일을 되새김질하기보단 기억의 저장소에 깊이 묻어두고 사는 성격이다. 아마도 뒤로 '빠꾸'하기 싫은, 혹은 그러는 게 두려운 나의 성향이 본의 아니게 플래시백을 기피하도록 한 건 아닐까 싶다.

김성훈 영화 속 등장인물들은 하나같이 못났다. 그럼에도 공감이 되는 인물은 정우성이 연기한 한도경이다. 한도경에 감정 이입을 할 수 있는 건 배우 정우성이

가진 힘도 상당 부분 작용하는데, 평소 정우성의 어떤 면모가 한도경에 어울릴 거라고 판단했나.

김성수 처음 시나리오를 쓸 때는 정우성을 염두에 둔 건 아니고, 한도경에 어울린다는 생각도 안 했다. 혼자 쓰는 동안, 나 자신도 '이런 이야기를 영화로 만들 수 있을까?' '누가 이딴 영화를 돈 주고 보겠나?' 같은 의구심을 가졌다. 시나리오 쓰기에 흠뻑 빠져들었지만 실제로 만들 수 있다는 자신감은 그닥 없었다. 사실 감독들이 수많은 이야기를 구상하고 트리트먼트와 시나리오를 쓰지만, 실제로 영화화되는 시나리오는 흔치 않다. 암튼 〈아수라〉를 거의 다 쓸 무렵 정우성을 만나 술 한잔하는데, "뭘 쓰고 계시죠?"라고 물어서 "그냥 추락하는 어느 형사의 이야기"라고만 대답했다. "다 쓰면 보여주세요" 하기에 "이건 영화화되기 힘들 거야" 했더니, "근데 왜 쓰세요?" 재차 묻더라. 그래서 "너무 하고 싶은, 죽어도 꼭 하고 싶은 이야기라 쓰는 거야"라고 말했더니 정우성이 잠시 생각하는 표정을 짓다가 "형님이 그 정도로 하고 싶은 얘기라면 제가 해야겠네요"라고 하더라. 취중 토크였지만 내겐 엄청난 격려가 되었다. 그런데 얼마 뒤 글을 다 써서 보여줬더니 "어후, 도경이란 인간이 이해가 안 됩니다. 이렇게 정신 나간 인간이 정말 있어요?"라면서 고개를 내저었다. 나는 자존심이 상해 "그럼 하지 마!" 하고 돌아섰지만, 한도경 역을 스타 배우가 해주지 않으면 제작이 불가능했기 때문에 결국은 정우성을 꼬드겨야만 했다. 한편으로 정우성이 〈비트〉와 〈태양은 없다〉에서 1990년대 도시의 뒷골목을 방황하는 청춘을 연기했기 때문에, 이십 년쯤 지나 아름다운 청춘의 향기는 다 휘발되고, 욕망의 찌꺼기만 남은 쾌쾌하고 비루한 중년 남자가 되어 어슬렁거리면 '재밌겠는데!' 하는 마음도 발동했다. 정우성도 며칠이 지난 뒤 연락해 와서, "도경이란 인간을 잘은 모르겠지만 제가 이해할 수 있도록 도와주세요. 최선을 다해서 도전해 볼게요."라고 말해주었다. 그날은 정말 눈물이 왈칵 쏟아질 것 같았다… 정우성 만세!!

김성훈 반대로 황정민이 연기한 박성배는 시나리오의 모든 지문에 대사에 생명력을 불어넣으면서 스크린에 등장하지 않을 때조차 압도적인 존재감을 드러낸다.

황정민이 연기하면서 달라진 박성배의 모습이 있다면.

김성수 박성배는 처음부터 재밌게 그리려 했다. 그럼에도 황정민이 그 역을 움켜주는 순간부터 '황정민의 박성배'가 되었다. 황정민처럼 개성이 강한 배우와 일하게 되면, 감독은 '황정민이라는 악기'를 통해서 악보를 연주할 수밖에 없다. 그 악기가 만드는 황홀한 음향과 연주를 따라가면서 감상하면 된다. 그렇게 태생적으로 에너지가 강렬하고, 이해력이 빠르고, 표현 능력이 어마무시한 배우는 본 적이 없다. 어떤 배역을 해석하고, 적응하고, 흡수한 뒤, 자기가 그 사람인 듯 체화하여 표현하는 게 연기라면…… 황정민이란 배우는 자신이 맡은 인물 속으로 자유자재로 들락날락하는 게 가능한, 어떤 신내림의 경지에 이미 도달했다.

김성훈 한도경이 싼타페를 몰고 질주하는 카체이싱 신은 시나리오 지문보다 길이가 훨씬 길고, 연기, 조명, 촬영, 액션 등 모든 요소가 잘 맞물려 더 풍성하게 표현됐다.

김성수 소위 액션 영화 감독이라 불리는 입장에서 누아르 영화 속에 적어도 이런 장면 하나는 넣고 싶었다. 이 장면을 원테이크 액션으로 하자고 결정했는데, 느닷없이 이모개 촬영감독이 비를 뿌리자는 제안을 해왔다. 회의 석상에서 거절하면 왠지 꿇리는 느낌이 들어 '설마 진짜로 할까?' 하면서도 겉으로는 호쾌하게 "그깟 비, 뿌리지 뭐!" 했다. 그 말을 내뱉고 촬영 내내 땅을 치며 후회하고 또 후회했다. 카체이싱을 완성하는 과정이 너무 복잡하고 험난했기 때문이다. 하지만 결과적으로는 좀 괜찮게 나왔다고 생각한다. 남들이 어렵다고, 불가능하다며 고개를 젓는 일에 도전하는 건 내 안에 어떤 결기를 자극한다. 게다가 이모개(촬영), 4th Creative Party(VFX), 허명행(액션), 데몰리션(특효)과 같은 초일류 스태프들과 함께 어떤 하나의 장면을 위해 시간과 열정을 쏟아 공들여 완성하는 과정은 정말이지 그 무엇보다 짜릿하다.

김성훈 장례식장 시퀀스는 어떤 출구도 등장하지도, 허락하지도 않는다는 점에서 꽤 강렬하다. 확실히 시나리오의 활자로 읽을 때와 피범벅이 된 영화를 볼 때와 전달되는 감흥이 다르던데. 장례식장 시퀀스를 연출할 때 가장 신경 쓴 것은 무엇인가.

김성수 마지막 시퀀스라고 특별히 신경 쓴 건 없다. 대신 장례식장과 관련한 모든 것에 신경 썼다. 물론 공들여 찍는다고 다 잘 찍히는 건 아니지만, 아무튼 최선을 다했다. 〈아수라〉의 종착역은 처음부터 장례식장이었다. 여행자가 걷고 또 걷다 결국엔 산티아고로 향하듯, 종교인이 꼬깃꼬깃 돈을 모아 성지 순례를 하듯이 안남시 악당들은 펄펄 끓는 그들의 욕망이 이끄는 대로 하나둘씩 안남 장례식장으로 모여든다. 내가 공들여 창조한 주인공들을 한꺼번에 순장시키는 메인 이벤트였기에 마지막 한 방울의 참기름까지 짜냈다. 장례식장 장면을 찍는 동안 나는 진심으로 기뻤고, 황홀감에 사로잡혔다. 촬영이 막바지로 치닫던 어느 날, 이모개 촬영감독이 넌지시 이렇게 말했다. "우리 현장에서 감독님 혼자 웃고 있는 거 아세요? 모두들 진저리 치며 엔딩 시퀀스가 끝나기만 갈망하는데 감독님만 이 세트장에서 영원히 살고 싶은 사람처럼 미소를 입에 걸고 다니네요. 제발 부탁인데 빨리 좀 끝내주십쇼." 그래서 할 수 없이 눈물을 머금고서 끝내고 말았다.

김성훈 책에는 각본 외 주요 장면의 스토리보드도 같이 수록된다. 스토리보드 작업에서 특별히 신경 쓴 점이 있다면 무엇이었나.

김성수 프리프로덕션 단계에서 혼자 그림 낙서를 하면서 장면을 떠올리는 편이다. 그때 그리는 그림들이 영화의 뼈대가 되는 경우가 많다. 나한테 이미지와 이야기는 마치 달걀과 닭처럼 서로 앞서거니 뒤서거니 하면서 머릿속을 떠다닌다. 시나리오가 완성되자마자 가장 먼저 그간 참고한 사진 이미지나 내가 낙서한 그림들을 모아서 연출부, 스태프들과 공유한다. 늘 그렇게 한다. 〈아수라〉를 시작하는 무렵에도 처음엔 누아르 영화 스틸을 모아서 영화사 작업실 벽에 잔뜩 붙였다. 그러다가 '매그넘 포토스'[5]의 보도 사진과 르포르타주 사진에서 선별한 뒷골목 사진들을 그 옆에 붙였다. 그랬더니 보도 사진이 영화 스틸을 완전히 압도하는 느낌이었다. 이모개 촬영감독에게 "우리 영화를 이쪽 사진처럼 진짜스럽게 찍으려면 어떡해야 돼?"하고 물었더니 이모개는 그건 불가능하다고 절레절레 고개를 흔들었다. 그래서 "왜애?" 하고 물었다. 이모개 촬영감독은 "매그넘 포토스는 실제로 혼잡한 현장에서 카메라 기자가 순간적으로 터뜨리는 수없는 셔터 중에 어떤 현장감 있는 샷이 하나 건져진 것이고요. 우리 영화는 인공적으로 만들어진 세팅에서 약속대로 찍는데, 어떻게 저런 의도치 않게 잡힌 찰나의 순간이 나옵니까?"라고 설명해주었다. 이모개의 단호한 태도가 나를 더 자극했고, 이모개 자신도 뭔가 다른 방식의 촬영을 모색하기 시작했다. 그날부터 이모개와 나는 어떻게 하면 다듬어진 앵글이 아니라 비정형의 역동적인 화면이 나올까를 고민했다. 그렇게 찾은 방식은, 첫째, 공간이 진짜여야 했고, 또 되도록 비좁은 장소여야 했다. 카메라와 조명과 인물이 서로 불편한 상황이 되면 어쩔 수 없이 불편한 앵글이 나올 거로 생각했다. 세트와 로케이션, 실제 골목과 건물 통로, 차량 내부도 가능한 한 좁게 만들어서 배우들이 서로 어깨를 부딪치며 동선이 뒤엉키도록 했다. 장근영 미술감독은 "아니 이렇게 작게 만들어요? 이러면 너무 좁지 않습니까?"라고 계속 투덜거리고 걱정하면서도 내가 상상하는 완벽한 공간들을 만들어 줬다. 장근영은 천재다! 이성환 조명감독은 비좁은 공간과 길에 모두 광원을 설치해 화면 내부에 빛이 공존하도록 조명을 설계했다. 비좁은 촬영장에서 노련한 배우들은 이성환이 심어놓은 빛과 빛 사이로 움직이며 자기 자리를 찾아갔다. 실제로 인간들을 협소한 공간에 집어넣으면, 심리가 불안해질수록 좋은 자리를 선점하려고 한다. 〈아수라〉의 등장인물들은 서로를 절대 믿지 않고 다툼을 마다하지 않는 싸움꾼들이다. 이모개와 나는 그르렁거리는 맹수들을 좁은 우리 속에 가둬놓고 서로 할퀴고 물어뜯는 모습을 지켜보기로 작정했다. 타고난 심성의 악당일수록, 욕망이 크면 클수록 서로 부딪칠수록 권력의 위계는 충돌하고 전복되게 마련이니까.

5 세계적으로 유명한 보도 사진 작가들로 구성된 그룹

김성훈 카체이싱 신 등 주요 장면은 감독님이 직접 그림을 그렸는데 투박하지만 연출가다운 센스가 돋보인다.

김성수 항상 칠판을 가지고 다니면서 장면들을 어떤 순서로, 어떻게 찍는지 콘티를 붙이고 직접 그려서 스태프와 배우들에게 설명한다. 20년 넘게 그러다 보니 사람들에게 설명하는 법을 조금 알게 된 것 같다. 인물과 카메라의 동선을 그려서 보여주면 모든 스태프가 자신의 업무에 대해 이해할 수 있게 된다. 여담이지만 최근 촬영을 마친 신작 〈서울의 봄〉에서는 예전처럼 칠판 그림을 많이 그리지 않았다. 현장 분위기가 완전히 달라졌더라. 칠판에 그린 뒤 설명을 하면 키 스태프와 연출부가 스마트폰을 꺼내서 그걸 찍은 뒤 곧바로 다른 팀원들에게 전송하더라. 1분 안에 전 스태프들에게 공유가 되는 거다. 다른 감독들은 어떻게 하는지 잘 모르겠지만, 내 경우 정리되지 않는 생각이더라도 다른 사람들과 함께 공유해 그들의 아이디어를 끄집어내려고 하는 편이다. 돌아가, 〈아수라〉의 카체이싱 시퀀스는 한도경이 마침내 폭주하는 장면이라 고민을 많이 했다. '이 녀석이 참다 참다 결국 폭발하는구나'를 어떻게 표현하면 좋을지를 구상하면서 카체이싱 이미지를 그렸다. '종로에서 뺨 맞고 명동에서 화풀이한다'는 말이 있지 않나. 한도경은 막강한 두 악당 사이에 낀 자신의 답답한 상황으로 고통받았고, 감히 터뜨리지 못한 울분이 잔뜩 쌓였는데, 다른 조무래기 악당들이 그의 총을 빼앗아 가면서 분노의 도화선에 불을 붙인 것이다. 춤추고 싶은데 옆에서 장구를 쳐주니 신명이 난 것이다. 하지만 불꽃을 튀기면서 무섭게 내달리는 도경의 질주는 스스로도 결코 멈출 수 없었기에 대폭발로 끝맺음하는 그의 운명을 암시한다.

김성훈 많은 아수리언들이 이 영화를 N차 관람하면서 김성수 감독에게 '영화의 신'이라는 호칭을 선사했다. 전작을 통틀어 〈아수라〉는 김성수 감독에게 어떤 의미가 있는 작업이었나.

김성수 왜 나를 두고 영화의 신이라고 하는지 이해가 안 간다. 영화의 신급에 해당하는 감독들이 있기는 하다. 이제는 한국도 몇 분 보유하고 있다. 감독의 재능을 타고난 감독들과 비교하면, 아니 일반적인 요즘 감독들과 견주어 봐도 나는 말석에 앉을까 말까다. 다만 아수리언들에게 고마운 건 내가 하고 싶은 이야기를 마음껏 쏟아냈고, 그래서인지 관객과의 소통점을 찾지 못한 것을 반성하고 있을 즈음에, 〈아수라〉도 나름 장점이 있는 영화라고, 자기 취향으로는 꽤 볼 만하다고 말해준 점이다. 영화판에서 이 나이 먹도록 안간힘으로 버티면서, 내면에 응축된 분노와 욕구를 한꺼번에 폭발시켰기 때문에 영화 자체가 분노 덩어리처럼 보였을 텐데…… 아수리언도 어쩌면 그 무렵의 나처럼 내면에 스트레스가 많은 분들이 아닐까 추측해 본다. 이번에 출간하는 각본집을 보는 아수리언이 있다면, 혹여 그분 마음속에 무슨 이유로든 분노 게이지가 차올라 있다면, 우리 도경이가 대신 폭발시켜주는구나, 하는 마음으로 읽으시라 말씀드리고 싶다. 어찌 됐든 〈아수라〉는 영화감독으로서 자신감을 잃고 비틀거리던 나를 꽉 다잡아준 고마운 영화다. 그런 의미에서 아수리언의 응원이 내겐 사무치도록 감사했다. 그럼에도 불구하고 지나치게 폭력적이라 〈아수라〉를 다시 꺼내 보진 않을 거 같다. 요즘은 나이가 들어서 그런지 폭력 영화가 솔직히 별로다.

아수라 각본집

지은이
김성수

초판 1쇄 발행
2022년 10월 27일

펴낸이
백준오

펴낸곳
플레인아카이브
출판등록: 2017년 3월 30일
제406-2017-000039호
10881 경기도 파주시 회동길 336-17, 302
cs@plainarchive.com

편집
임유청

교정
이보람

지원
장지선

도움 주신 분
안근우, 백지혜, 신인정, 이영유

디자인
김성구, 김기조

인쇄
다보아이앤씨

ISBN
979-11-90738-48-4 (03680)

값
27,500원